ARREST
DV
CONSEIL D'ESTAT
DV ROY,

Rendu entre Monsieur l'Archevesque de Paris; Messire Henry de Lyonne Chevalier Seigneur de Servon; Claude de Marle Escuyer Sieur de Fourcille; Iean Perrin Conseiller du Roy, Bailly de Brie-Comte-Robert:

Et Messire François de Verthamon Sieur de Villemenon, Maistre des Requestes.

A PARIS,
Chez FRANÇOIS MUGUET, Imprimeur & Libraire ordin. du Roy, & de Monseigneur l'Archevesque, ruë de la Harpe, à l'Adoration des trois Rois.

M. DC. LXVI.

EXTRAICT DES REGISTRES
du Conseil d'Estat.

VEV par le Roy estant en son Conseil les Placets & Memoires de plaintes presentées à sa Majesté par Messire Hardoüin de Perefixe, Conseiller de sa Majesté en ses Conseils, Chancelier de ses Ordres, & Archevesque de Paris; Messire Henry de Lyonne Chevalier Seigneur de Servon, premier Capitaine & Major d'un Regiment de Cavalerie pour le Service de sa Majesté; Iean Claude Tartereau, Escuyer Sieur de Berthemon; Claude de Marle Escuyer Sieur de Forcille, & Iean Perrin Conseiller de sa Majesté, Bailly de Brie-Comte-Robert; Contre Messire François de Verthamon, Sieur de Villemenon, Conseiller de sa Majesté en ses Conseils, Maistre des Requestes ordinaire de son Hostel: Sur lesquelles plaintes on demande justice contre ledit Sieur de Verthamon. Ledit Sieur de Verthamon de Villemenon joüit il y a plusieurs années de soixante arpens de terre qui appartiennent à l'Eglise de Servon en Brie, sans qu'il paroisse qu'il en ait jamais rendu compte; Est demandé qu'il soit obligé à faire voir

A ij

l'ufage qu'il en a fait pardevant l'Official de l'Archevefché, ou tel autre qu'il plaira aux Sieurs Commiffaires deputez par fa Majefté. Les terres font encore entre les mains du Fermier dudit Sieur de Villemenon, & ainfi il eft toûjours dans la joüiffance; Eft demandé que ledit Fermier foit condamné à en vuider inceffamment les mains, & ledit Sieur de Villemenon à laiffer la liberté aux particuliers de la Paroiffe d'y mettre l'enchere, & en donner ce qu'elles peuvent valoir. Ledit Sieur de Villemenon fait l'affiette des tailles en fa maifon, foulage & charge qui bon luy femble; Eft demandé que cela luy foit défendu conformément aux Ordonnances, & qu'il laiffe faire ladite affiette des tailles en la maniere ordinaire, & qui fe doit. Le Sieur de Villemenon a fait deterrer de fon authorité le fils d'un Gentil-homme de la Paroiffe de Servon, quoy qu'il euft efté enterré dans la fepulture de fes Anceftres, & que mefme l'ayeule dudit Gentil-homme ait efté enterrée en ce lieu-là, depuis que ledit Sieur de Villemenon eft étably dans cette Paroiffe, fans qu'il s'y foit oppofé; Eft demandé que ce Gentil-homme foit maintenu dans fon droit de fepulture, ou que ledit Sieur de Villemenon faffe apparoir des raifons qu'il a de s'y oppofer. Le Sieur de Villemenon a fait informer & decreter prife de corps contre le Preftre que l'Archevefque de Paris avoit commis conformément à un Arreft du Parlement de Paris, pour defervir la Cure dudit Servon, à caufe qu'il avoit fait ledit enterrement, & qu'il vouloit s'oppofer, comme il s'y croyoit obligé, à ce que les gens dudit Sieur de Villemenon ne le deterraffent; Eft demandé que ledit Preftre, qui a efte obligé de s'enfüir, & de fe cacher dans

Paris, soit rétabli, & defenses faites audit Sieur de Villemenon de l'inquieter dans ses fonctions, attendu que c'est un tres-bon Prestre, qui a pieté & capacité, & qui a toûjours esté élevé dans la Communauté de saint Nicolas du Chardonnet, & veu aussi que cette pauvre Paroisse n'est maintenant conduite que par un Vicaire, qui n'a aucune des qualitez necessaires pour cela. Ledit Sieur de Verthamon joüit de vingt-huit arpens de terre qui appartiennent au Curé de Servon ; Est demandé qu'il se desiste de la joüissance desdites terres, & qu'il rende le revenu d'icelles à ceux ausquels il appartient. Le Sieur de Verthamon a fait mettre le cœur de sa femme dans le Sanctuaire de ladite Eglise, au lieu où le Prestre commance le saint Sacrifice de la Messe, & y a fait poser depuis peu une tombe, qui pourroit tirer à consequence pour établir audit lieu droit de sepulture pour ledit Sieur de Villemenon & de sa famille, ce qui seroit tres indecent, & à notable incommodité pour le celebrant, lors qu'il faudroit faire ouverture de la terre, joint que les Seigneurs n'ont droit d'établir leur sepulture dans le Sanctuaire, n'y ayant jamais eu Seigneur qui ait entrepris de se faire enterrer audit lieu, le Chœur d'ailleurs se trouvant d'assez grande étendüe pour la sepulture des Seigneurs, sans aucunement incommoder le Service divin ; Est demandé qu'il soit ordonné audit Sieur de Villemenon de faire oster le cœur & la tombe de sa femme du lieu où ils sont, & de les faire poser dans le Chœur où bon luy semblera. Procez verbal de visite faite par ledit Sieur Archevesque de Paris dans l'Eglise de Servon le vingtiéme Iuillet 1665. par lequel appert que les ornemens y ont esté trouvez en tres-mauvais ordre; Que les Autels y sont mal parez; Qu'une pierre sacrée y a esté prophanée; Et particulierement que les terres qui en dependent, & en font le principal revenu, sont usurpées depuis plusieurs années par ledit Sieur de Verthamon, qui en joüit, ou son Fermier sans aucun Bail, & sans en avoir jusques à present rendu aucun compte. Ordonnance dudit Sieur Archevesque de Paris, renduë en consequence de sa visite en ladite Eglise Paroissiale de Sainte Couloinbe de Servon, le vingt-uniéme dudit mois de Juillet 1665. Par laquelle est ordonné, que le Cimetiere sera tenu proprement, & la Closture reparée, de maniere que le bestail n'y puisse entrer; Que le Ciboire sera doré par dedans; La porte du Tabernacle doublée proprement de taffetas, & que l'on la fera fermer plus juste; Que l'on changera les six Chandeliers de cuivre qui sont sur le grand Autel, pour en avoir six autres en la place, qui soient propres & decents; Et que l'on aura pareillement une Croix de cuivre tout au moins pour porter aux Processions & autres ceremonies; Que la Cuvette des Fonds Baptismaux sera estamée, de crainte que l'eau benite ne se corrompe; Que l'on changera le Vase des saintes huilles, & que l'on en achetera un autre qui soit bien marqué de ses écriteaux; Que les Autels seront décemment parez, les parcmens proprement tenus, & que trois napes seront mises sur chaque Autel, auparavant que d'y dire la Messe, conformément à la Rubrique; Que les Marguilliers en Charge seront tenus de fournir aux dépens de la Fabrique, le linge & les ornemens necessaires, principalement un ornement vert & un voile violet;

Qu'ils achepteront une lampe pour mettre devant le Saint Sacrement, laquelle ils feront brûler au moins les Festes & Dimanches; Que l'Ecole sera rétablie au mesme état qu'elle estoit auparavant, afin que l'on y puisse enseigner les enfans à la maniere ordinaire ; Qu'on fera le Catechisme aux enfans reglément toutes les Festes & Dimanches aprés Vespres, & trois fois la semaine les Avents, & Caresmes ; Que le grand Cimetiere dudit Servon, donné à ce qu'on a dit audit Sieur Archevesque, par les Seigneurs dudit Servon, pour inhumer les corps des Habitans de ladite Parroisse qui mouroient de maladie contagieuse, sera fermé, les murs reparez, la porte & les grilles rétablies ; Que la pierre consacrée qui sert de marche-pied & de degré pour entrer dans la balustrade du grand Autel, sera ostée & mise dans un lieu retiré & décent, afin qu'elle ne soit plus prophanée en marchant dessus, & que d'autres pierres seront mises en la place ; Que les comptes de la Fabrique seront mis sur des Registres reliez, & que les titres & papiers de ladite Eglise seront renfermez dans un coffre fermant à trois clefs, dont l'une sera donnée au Curé du lieu, l'autre au Marguillier en Charge, & la troisiéme au Procureur Fiscal dudit lieu, & qu'il sera fait inventaire des titres, papiers, & ornemens de ladite Eglise, qui sera pareillement renfermé dans ledit coffre ; Que lesdits Marguilliers en charge, auront soin de faire passer titre nouvel à ceux qui joüissent des biens appartenans à l'Eglise, & de recouvrer les tiltres qui sont égarez, & de faire payer ce qui est deû ; Quant aux terres appartenantes à ladite Eglise, dont on auroit dit audit sieur Archevesque que joüit sans bail Claude du

Haut Fermier demeurant à Servon, il ordonne qu'il sera publié au Prosne de la Messe de Parroisse dudit Servon, que lesdites terres sont à bailler, & qu'il sera procedé à l'adjudication à la maniere ordinaire, & seront adjugées au plus offrant & dernier encherisseur, & bail fait en consequence par devant un Notaire public, & iceluy gardé dans le coffre de ladite Eglise ; Et pour les Fermes des années precedentes, pendant lesquelles ledit du Haut auroit joüy desdites terres, est ordonné que les Marguilliers en charge poursuivront en Iustice le payement de tout ce qui est deû à la Fabrique, pour estre les deniers employez au profit de l'Eglise; & afin que les susdits Reglemens & Ordonnances soient executées selon leur forme & teneur, est enjoint qu'elles soient publiées incessamment au Prône de la Parroisse ; Ordonné au Sieur Archidiacre de Brie d'informer ledit Sieur Archevesque aprés le cours de sa visite de l'execution ou inexecution desdites Ordonnances, pour y estre ensuite par ledit Sieur Archevesque pourveû. Trois comptes rendus par les Marguilliers de l'Eglise de Servon, pour les années 1660. 1662. & 1663. examinez, clos & calculez les 6. & 26. Avril 1665. pardevant Maistre Ioseph Bouleftay Prestre Curé dudit Servon, Estienne Thuillier Bailly de Villemenon & dudit Servon, & en la presence de Maistre Claude du Haut Procureur Fiscal dudit Bailliage, par lesquels appert n'estre fait aucune recepte du revenu des terres de l'Eglise, & Fabrique de Servon, à cause de la joüissance qui en est faite par ledit Sieur de Verthamon. Copie de Sentence des Requestes de l'Hostel renduë le 6. Octobre 1665. sur la Requeste dudit Sieur de Verthamon Seigneur de

Ville-

Villemenon & Servon, & en cette qualité Seigneur haut, moyen, & bas Iusticier dans le village & Parroisse dudit Servon, par laquelle luy est donné acte de ce qu'il prend la publication faite au Prône de la grande Messe par Mᵉ Rouzet Prestre, commis par ledit Sieur Archevesque de Paris pour deservir la Cure de Servon; Qu'on eust à faire oster une pierre qui ferme une voute en forme de cave, que ledit Sieur de Verthamon a fait construire, il y a sept ou huit ans dans le Chœur de ladite Eglise, pour servir de sepulture aux Seigneurs de Villemenon & Servon, pour trouble, & en consequence luy est permis de faire assigner en la Cour le Curé & Marguilliers de ladite Eglise de Servon, & tous autres qu'il appartiendroit, pour proceder sur les fins de ladite Requeste, circonstance & dépendance, & en outre comme de raison, & cependant defenses de rien innover en ladite sepulture jusques à ce qu'autrement en eust esté ordonné, & en cas de contravention permis de faire emprisonner les contrevenans en vertu de ladite Sentence, & sans qu'il en soit besoin d'autre, laquelle seroit executée nonobstant oppositions ou appellations quelconques, & sans prejudice d'icelles; Ladite Sentence signifiée audit Rouzet Prestre, Commis deservant ladite Cure de Servon, à ce qu'il n'en ignore, & à luy reïterée l'assignation à luy donnée à comparoir ausdites Requestes de l'Hostel le 7. Octobre 1665. pour y répondre & proceder conformément à icelle, ensemble reïteré les defenses y portées & contenuës le 12. desdits mois & an. Copie d'Arrest du Parlement de Paris rendu le quatriéme Septembre mil six cens soixante-cinq, entre Claude Martin Prestre, Curé de Sainte Coulombe de Servon en Brie, appellant des Sentences renduës par le Prevost de Paris ou son Lieutenant Civil les 5. & 13. Aoust 1664. Sentence de recreance du 7. Septembre audit an, & de tout ce qui s'en est ensuivy, & demandeur en Requeste par luy presentée à la Cour le 28. Fevrier 1665. à ce qu'en évoquant le principal different d'entre les parties & y faisant droit, il fust maintenu & gardé en la possession & joüissance de ladite Cure de Servon, avec restitution des fruits & dépens, d'une part; Et ledit Maistre Ioseph Boulestays Prestre, soy disant pourveu de ladite Cure de Servon, inthimé & defendeur, d'autre; par lequel la Cour a mis les appellations, & ce dont a esté appellé, au neant, evoquant le principal, & pour y faire droit, ordonne que les parties articuleront plus amplement leurs faits, & feront preuve respective d'iceux, mesme feront appeller les témoins entendus dans l'Enqueste, & cependant seront les fruits dont est question sequestrez, & ceux écheus par le passé demeureront audit Boulestays, jusques au prorata de ce qu'il a deservi, & sera la Paroisse deservie par un Prestre qui sera commis par l'Archevesque de Paris, & luy sera donné retribution sur lesdits fruits telle que ledit Sieur Archevesque arbitrera, sans préjudice du droit de deport si aucun y a. Copie de requeste presentée au Parlement de Paris par ledit Sieur Archevesque de Paris, à ce qu'acte luy fust donné de ce qu'il prend le fait & cause pour ledit Rouzet & pour les Marguilliers de Servon; le recevoir appellant de la Sentence des Requestes de l'Hostel du sixième Octobre 1665. faire défenses de l'executer, & ce faisant ordonner que les Reglemens faits dans le cours de sa Visite seront executez ; Que conformement à iceux la pierre d'Autel sera levée, & une autre mise en la place ; Condamner ledit Sieur de Verthamon à rendre compte pardevant l'Official du Diocese, des fruits des terres de la Fabrique, & des vingt-huit arpens de la Cure depuis le temps qu'il en joüit, pour estre iceux employez en achapt d'ornemens, reparations, & en fonds au profit de l'Eglise ; Défenses à luy de s'immisser d'orenavant dans la joüissance desdites terres directement ny indirectement, à peine de deux mil livres d'amende, & sauf au Sieur Procureur general à prendre contre luy telles autres conclusions qu'il avisera bon estre, ainsi qu'il est plus amplement contenu en ladite requeste. Copie collationnée d'Arrest dudit Parlement de Paris du cinquiéme Février 1666. qui ordonne par provision l'execution de l'Ordonnance dudit Sieur Archevesque du vingtiéme Iuillet 1665. & entre autres choses, que la pierre mentionnée en son procés verbal, seroit levée & ostée du lieu où elle auroit esté mise ; Que les terres de l'Eglise & Fabrique de Servon seroient publiées au Profne de la Messe de Paroisse de ladite Eglise de Servon, pour estre baillées à ferme au plus offrant & dernier encherisseur ; & que les Marguilliers feroient leurs diligences pour faire rendre compte à ceux qui en ont joüy. Procés verbal de l'Archidiacre de Brie, contenant les causes pour lesquelles il fut jugé necessaire d'accroistre le Chœur de l'Eglise, & de mettre le grand Autel contre le mur du pignon de l'Eglise, & posant la closture du Chœur à l'endroit de deux piliers de la Nef, & ostant les deux Autels de bois inutiles, qui estoient aux deux costez du Chœur du vingt-uniéme Aoust 1648.

B ij

Requeste presentée audit Sieur Archevesque de Paris, ou son Official & grand Vicaire le vingt-septiéme Novembre audit an 1648. à ce qu'il fust permis de faire transporter ledit Autel contre ledit pignon, oster lesdits deux Autels inutiles, & porter la closture dudit Chœur contre les pilliers joignant iceux ; sur laquelle requeste auroit esté ordonné, permis ainsi qu'il est requis. Extrait du bail passé pardevant Rolland Notaire à Brie-Comte-Robert le 1. May 1654. par lequel appert que ledit Sieur de Verthamon Seigneur de Villemenon & Servon auroit fait bail pour neuf années entieres à François Chevry laboureur demeurant à Servon, à commencer la joüissance au jour saint Martin lors prochain de la basse cour du Château dudit Villemenon & circonstances d'icelle, ensemble de la quantité de deux cens deux arpens un quartier & demy de terres labourables en plusieurs pieces, assis au terroir dudit Villemenon, Servon & és environs, y compris les terres de l'Eglise & Fabrique dudit Servon, dont Nicolas Poncelet Fermier adjudicataire d'icelle a fait declaration au profit dudit Seigneur, & laquelle a esté par luy acceptée, pour se payer & rembourser des deniers qu'il a payez & avancez pour ladite Fabrique, & celles de la Cure dudit Servon, dont ledit Seigneur s'est chargé pour les faire labourer à la priere & instance du Curé dudit lieu. Copie des memoires des ouvrages de Massonnerie faits à la contretable d'Autel de Servon, commandez par ledit Sieur de Verthamon, certifiée par de l'Espine Architecte du Roy, & arrestez par luy à la somme de six cens quarante-sept livres cinq sols du 9. Ianvier 1649. Copie du billet écrit par le sieur Coudere Curé de Servon, lequel prie ledit Sieur de Verthamon d'avancer cent livres aux entrepreneurs du rétablissement du Maistre Autel de l'Eglise du dixiéme Novembre 1648. au bas duquel est la quittance de ladite somme du onziéme dudit mois & an. Copie d'autre billet dudit Coudere Curé de Servon du vingt-cinquiéme dudit mois de Novembre 1648. pour payer à un nommé Estienne Goussault ouvrier une somme de quarante livres, au bas duquel est sa quittance de ladite somme du vingt-sixiéme dudit mois & an. Copie de lettre écrite par ledit Coudere Curé audit Sieur de Verthamon, par laquelle il le prie de payer une somme de cinquante livres audit Estienne Goussault du septiéme Decembre 1648. au bas de laquelle est sa quittance de ladite somme du huitiéme desdits mois & an. Copies de trois quittances en suite l'une de l'autre de la somme de vingt-quatre livres dix sols d'une part, vingt-quatre livres d'autre, & vingt-trois livres d'autre, payées par ledit Sieur de Verthamon audit Goussault, à l'acquit du Curé & Marguilliers de ladite Paroisse de Servon des treiziéme Ianvier, seiziéme Février, & vingtiéme Mars 1649. Copie de quittance de trois septiers de bled fournis par ledit Sieur de Verthamon audit Goussault du vingt-deuxiéme Mars 1649. Copie de memoire des ouvrages de sculpture faits par Michel Perdrix, Maistre Sculpteur à Paris, à l'Autel de l'Eglise de Servon, commandez par ledit Sieur de Verthamon & Curé de ladite Eglise du huitiéme Ianvier 1649. En suite est la quittance dudit Perdrix, passée pardevant Notaires au Chastelet de Paris, de la somme de quatre-vingt huit livres par luy receuë dudit Sieur de Verthamon, & de son Procureur Fiscal du si-

B iij

xiéme May 1649. Copie de quittance de Michel Sigault, Maſſon & Marchand en plaſtre, de la ſomme de deux cens cinquante-une livres, receuë dudit Sieur de Verthamon pour ouvrages de maſſonnerie & plaſtre par luy faits & fournis en ladite Egliſe de Servon, pour le rétabliſſement du Maiſtre Autel, & autres reparations neceſſaires à faire en icelle du quatorziéme Aouſt 1649. Copie de quittance paſſée pardevant Notaires au Chaſtelet de Paris le quinziéme Ianvier 1651. par Anthoine Guyot, Maiſtre Sculpteur & Peintre à Paris, de la ſomme de deux cens livres, receuë dudit Sieur de Verthamon pour deux figures de pierre de Trouſſy, par luy miſes & poſées aux deux coſtez de l'Autel de ladite Egliſe de Servon. Copie de memoire du Serrurier de ce qu'il a fait dans ladite Egliſe de Servon, au bas duquel eſt ſa quittance de la ſomme de quarante livres receuë par les mains dudit Sieur de Verthamon du troiſiéme Iuin 1657. Copie de quittance du nommé Sallé, peintre à Paris, de la ſomme de quatre-vingt-dix livres receuë dudit Sieur de Verthamon pour le prix à quoy il eſtoit convenu avec les Marguilliers de Servon, d'un tableau par luy fait & fourny pour le retable du Maiſtre Autel de ladite Egliſe de Servon, du quatriéme Mars 1651. Quittances des Curez & Vicaires de Servon montans enſemble à la ſomme de neuf cens ſoixante-ſept livres ; Et toutes les ſommes payées en l'acquit deſdits Marguilliers de la Fabrique de ſainte Coulombe de Servon, par les mains dudit Sieur de Verthamon, depuis le dixiéme Iuin 1653. juſques au dernier May 1665. Quatre copies de quittances des Curez de Servon, montans à la ſomme de mil ſix cens vingt-huit livres, pour la joüiſſance deſdites terres depuis l'année 1658. juſques en celle de 1665. Toutes leſdites copies de billets & quittances ſignées dudit Sieur de Verthamon pour copies. Trois comptes rendus par les Marguilliers de Servon, és années 1654. 1655. 1656. clos, examinez & arreſtez au Bureau de ladite Egliſe de Servon les dixiéme Iuillet 1661. vingt-huitiéme Decembre 1662. & troiſiéme Iuin 1663. Par leſquels il appert que ledit Sieur de Verthamon joüit deſdites terres pour ſe rembourſer des avances par luy faites en l'acquit deſdits Marguilliers dudit Servon. Cinq autres comptes rendus par les Marguilliers dudit Servon és années 1637. 1639. 1641. 1643. & 1645. par leſquels il appert n'eſtre fait recepte pour les terres de l'Egliſe que de vingt-deux ſeptiers, les deux tiers bled, l'autre tiers avoyne. Publication faite à Brie-Comte-Robert, & à Servon aux Proſnes des Egliſes des terres de ladite Egliſe de Servon, & les affiches publiées & appoſées à la porte de l'Egliſe, & à celle de l'Auditoire de la Iuſtice de Servon, & autres lieux, les ſeiziéme May, quinziéme & vingt-deuxiéme Septembre 1665. onziéme & dix-huitiéme May, huitiéme Iuin, & 6. Iuillet 1666. Procez verbal d'Eſtienne Thuillier Bailly du Comté de Villemenon du 6. Iuin 1666. contenant la plainte à luy faite par ledit ſieur de Verthamon, que ..... Tartereau Eſcuyer ſieur de Berthemon ſe ſeroit emancipé le jour precedent de faire enterrer dans le Chœur de l'Egliſe dudit Servon le corps de feu ...... Tartereau ſon fils, âgé de dix-huit ou vingt mois, ce qu'il n'auroit deû faire, attendu que le Chœur de ladite Egliſe, comme tous les autres, ſont deſtinez pour la ſepulture des Curez & Seigneurs hauts Iuſticiers des lieux, & qu'autres qu'eux n'y peuvent pretendre droit de sepulture ; Surquoy ledit Bailly auroit ordonné que ledit Sieur de Berthemont feroit appellé fur ladite entreprife, & répondre à telles fins, demandes, & conclufions que ledit Seigneur de Villemenon voudroit contre luy prendre, & cependant que le corps dudit feu Tartereau, fils dudit Sieur de Berthemont, feroit ofté & deterré du Chœur de ladite Eglife de Servon, & iceluy porté & inhumé en une foffe qui feroit faite en l'Eglife dudit lieu, & au lieu le plus commode, & felon qu'il feroit avifé par le Marguillier. En fuite eft l'affignation donnée ledit jour Dimanche 6. Iuin 1666. audit Sieur de Berthemont en confequence de ladite Ordonnance. Procez verbal de rebellion dreffé par le Sergent chargé de lad. Ordonnance dudit Bailly de Villemenon ledit jour Dimanche 6. Iuin 1666. contenant la rebellion, violences & voyes de fait commifes à fa perfonne, en voulant executer icelle par ledit Sieur de Berthemont, la Demoifelle fa femme, la Demoifelle de Forcille, & ...... Rouzet Preftre, defervant ladite Cure de Servon. Autre procez verbal dudit Bailly de Villemenon du 7. Iuin 1666. contenant l'execution de fa precedente Ordonnance, & l'exhumation du corps dudit Tartereau fils ; Et comme il a efté enterré en un lieu honorable proche la porte du Chœur au deffous du Crucifix. Information faite par ledit Bailly de Villemenon à la Requefte dudit Sieur de Verthamon Seigneur de Villemenon & de Servon, contenant la preuve de la rebellion, voyes de fait, violences, emportemens, & juremens dudit Sieur de Berthemont, la Demoifelle fa femme, la Demoifelle de Forcilles, & dudit

Sieur

Sieur de Rouzet Prestre, deservant la Cure dudit Servon. Decret d'ajournement personnel decerné par ledit Bailly de Villemenon sur ladite information ledit jour 7. Iuin 1666. à l'encontre desdits Sieur & Demoiselle de Berthemont, & de Fourcilles, & ledit Rouzet Prestre. Procez verbal de signification à eux faite dudit Decret d'ajournement personnel, & assignation donnée à comparoir en l'Audiance & Chambre Criminelle pardevant ledit Bailly de Villemenon & Servon, pour estre oüis & interrogez sur les charges & informations ledit jour 7. Iuin 1666. Conversion dudit Decret d'ajournement personnel en Decret de prise de corps, signifié ausdits Sieur & Demoiselle de Berthemont, ledit Rouzet & Demoiselle de Fourcilles, le 8. Iuin 1666. Copie d'Arrest du Parlement de Paris du 10. dudit mois de Iuin 1666. rendu sur la Requeste desdits Sieur & Demoiselle de Berthemont, ledit Rouzet Prestre, & Demoiselle de Forcilles, par lequel ils sont receus appellans de la permission d'informer. Information, Decret d'ajournement personnel, & de tout ce qui a esté contre eux fait par ledit Bailly de Villemenon à la requeste dudit Sieur de Verthamon, tenus pour bien relevez, & à eux permis de faire inthimer sur ledit appel qui bon leur sembleroit, sur lequel les parties auroient audiance au premier jour ; Ordonné que les charges & informations feroient apportées au Greffe Criminel de la Cour, & cependant defenses de passer outre, & de mettre ledit Decret d'ajournement personnel & conversion d'iceluy à execution, & d'attenter aux personnes & biens desdits Sieurs de Berthemont, sa femme & consorts, à peine de cinq cens livres d'a-

C

niende; Ledit Arreſt ſignifié audit Sieur de Verthamon, & à luy fait les defenſes y contenuës le 11. dudit mois de Iuin 1666. Sentences des Requeſtes de l'Hoſtel, & du Prevoſt Iuge & Garde de la Iuſtice & Prevoſté de Bouſſy Saint Antoine, au profit de Meſſire Silvain du Diac Chevalier Seigneur des Hayes, & des Clerbaudiere Gentil-homme de la Maiſon du Roy, & des Religieux de la Maiſon Saint Antoine de Paris, Seigneurs hauts Iuſticiers dudit Bouſſy Saint Antoine, les 9. Mars 1663. & 23. Ianvier 1666. par leſquelles auroit eſté ordonné que les corps des y dénommez enterrez dans le Chœur des Egliſes deſdits lieux ſeroient exhumez; Copie de réponſes fournies par ledit Sieur Archeveſque de Paris au Parlement de Paris aux dupliques que ledit Sieur de Verthamon y avoit auſſi fournies, dans leſquelles il eſt parlé en ces termes: *Monſieur l'Archevéſque de Paris n'a point entendu toucher ny au droit de ſepulture, ny aux autres droits honorifiques appartenans à la Seigneurie dudit Sieur de Verthamon.* Copie ſignifiée audit Sieur de Verthamon du procez verbal de viſite faite par ledit Sieur Archeveſque de Paris le 31. Decembre 1665. Copie d'information faite par Maiſtre Robert Hubert Commiſſaire Enqueſteur & Examinateur au Chaſtelet de Paris, de l'Ordonnance du Lieutenant Criminel, contre Maiſtre……… Martin Preſtre. Copie d'autre information faite de l'authorité du Parlement de Toulouſe à la requeſte du Sieur Procureur General dudit Parlement de Toulouſe contre Maiſtre Bernard d'Aribat Preſtre, cy-devant Curé de Floyac en Roüergue, Dioceſe de Rhodez; Enſuite eſt le Decret de priſe de corps decerné contre ledit d'Aribat par ledit Parlement de Touloufe. Lefdits information & Decret en datte des 28. Fevrier, & 13. Mars 1657. 9. Septembre, dernier Novembre, premier & deuxiéme Decembre 1665. Coppie de lettre miffive du Sieur Evefque d'Agen cy-devant Curé de Saint Nicolas des Champs écrite audit Sieur de Verthamon le 27. Mars 1666. qui declare quels font les fentimens touchant la vie & mœurs dudit d'Aribat, & de quelle maniere il s'eft comporté pendant qu'il a efté habitué dans ladite Eglife de Saint Nicolas. Copie collationnée de Contract paffé pardevant Tuffereau, & de Monthenault Notaires au Chaftelet de Paris le 7. Iuin 1606. par lequel Demoifelle Marguerite Lyonne femme & Epoufe de Noble homme Claude Mallier Seigneur du Houffay, & de Servon, icelle deuëment authorifée de fondit mary, auroit donné & tranfporté par donation pure & fimple irrevocable, & entrevifs du vouloir & confentement dudit Sieur Mallier à Claude Lyonne fon neveu, Confeiller & Treforier general du Sieur Prince de Condé, fils aifné de feu Claude Lyonne vivant Sieur de Ceüilly frere de ladite Demoifelle donatrice, & de Demoifelle Marie de Bragelongne fa femme, & aux defcendans dudit Lyonne fon neveu en loyal mariage, entr'autres chofes la terre & Seigneurie de Servon en Brie, confiftant en Chafteau, maifon Seigneuriale, coulombier, parc, fontaine, baffe-cour, preffoirs, moulins, Fermes, Iuftice, moyenne, & baffe, cens, rentes, vignes, prez, bois, eftang au deffus d'une terraffe, avec tous & chacuns les bâtimens, terres, cens, & rentes qui dépendent de ladite maifon Seigneuriale de Servon; à la charge que

C ij

ledit Claude Lyonne son neveu & donnataire, & lesdits enfans masles descendans ne pourroient vendre, engager ne hypotequer ladite Seigneurie & terres de Servon, ses appartenances, & annexes, & autres terres, heritages, & droits susdits, ains seroit le tout conservé par eux en bon & suffisant estat, pour demeurer audit Sieur Lyonne, & aprés son deceds à son fils aisné, & successivement ausdits aisnez, portans le nom & armes des Lyonne, en gardant toûjours l'ordre de primogeniture, sans pouvoir estre à l'avenir partagez, ne divisez en quelque sorte, & maniere que ce soit, ains sera l'aisné, ou fils aisné dudit aisné, & descendans du fils aisné de l'aisné dudit Claude Lyoane seul possesseur, & joüissant de ladite terre & Seigneurie de Servon; Fermes, annexes, appartenances, & dépendances, & autres heritages & droits, ensuite duquel Contract, sont tous les actes d'insinuations, & enregistrement d'iceluy par tout où besoin a esté. Coppie collationnée d'acte passé pardevant Notaires audit Chastelet de Paris le 1. Avril mil six cens trente-deux, par lequel feu Henry Lyonne, Escuyer Sieur de Servon, auroit declaré qu'ayant esté constitué prisonnier au Fort-l'Evesque à la requeste de Paul Parent, Sieur de Villemenon, pour sommes & interests que ledit Sieur de Servon pretendoit ne luy point devoir, iceluy Sieur de Servon auroit souffert & souffroit journellement de grands maux & incommoditez, dont il avoit toûjours esté, comme il estoit encore entierement malade, & auroit esté plusieurs fois en danger de sa vie, ce qui luy arriveroit, s'il n'estoit en liberté pour se faire traiter & solliciter; A ces causes auroit protesté que le contract & acte qu'il estoit prest de passer avec ledit feu Parent Sieur de Villemenon, pour raison des choses pour lesquelles il estoit detenu prisonnier, circonstances & dependances, ne luy pourroient nuire ny préjudicier, ains de nullité, & de se pourvoir pour en estre relevé, & restitué par les voyes de droit, ainsi qu'il aviseroit bon estre. Copie non signée de transaction, passée pardevant Notaires audit Chastelet de Paris le neufiéme Avril 1632. entre ledit Parent Sieur de Villemenon, & de Servon, d'une part; Et ledit Henry Lyonne Seigneur des deux Fiefs scis à Servon, & de la terre de la Borde-Grapin, demeurant en sa maison de Servon, estant lors esdites prisons du Fort-l'Evesque, attaint pour passer ledit contract entre les deux guichets, d'autre part; Par laquelle il est dit que ledit Lyonne prisonnier auroit cedé & transporté audit Parent, sçavoir dix-sept livres dix sols de menus cens, autre-fois acquis de Loüis du Moulin par contract du vingt-sixiéme Avril 1584. ensemble les autres cens, rentes, & mouvances, desquels ledit sieur Lyonne & ses Predecesseurs auroient esté reconnus, & les avoient acquis tant dudit du Moulin, que des Abbayes de saint Denys & d'Yerre, & du Fief de Reddemon, & toutes les autres censives & redevances, dont il auroit joüy, deub joüir, & joüissoit encore, ensemble les mouvances des trois Fiefs reünis à un, autre-fois appellez les Fiefs Iean-Varé, & à present le Fief Bonbon, le Fief de Reddemon, l'Allemant, Bras-de-fer, & generalement la mouvance & Seigneurie directe des Fiefs scituez en la Paroisse de Servon, & de tous les autres Fiefs dépendans de ladite terre à luy appartenans

C iij

en ladite Paroiſſe de Servon, en quelque lieu qu'ils ſoient aſſis & ſcituez en ladite Paroiſſe, avec les cens ſur-cens, rentes foncieres, ſoit en argent, poules, chapons, bleds, avoynes, & autres grains que ledit feu ſieur Lyonne pouvoit avoir, & recevoir dans le village & Paroiſſe de Servon de quelques perſonnes que ce ſoit, & ſans aucune choſe en retenir, excepter, ny reſerver, ſe reſervant ſeulement ledit ſieur Lyonne en ladite Paroiſſe de Servon la maiſon principale & manoir clos, fermes, terres labourables, prez, vignes, bois, avec le moulin à eaüe non bannal, pour tenir le tout à foy & hommage de ladite Seigneurie de Villemenon, & chargé vers luy de quatre-vingt-dix livres de rente Seigneuriale & feodale. Plus ſe ſeroit ledit feu Sieur de Servon departi de cinq quartiers de terre, qui ſont enclos dans le Parc de Villemenon depuis peu de temps, enſemble d'un Pré, appellé le Pré des Corvées, contenant environ quatre arpens, & de cinq quartiers de pré ſcituez auprés ledit Pré des Corvées le long de la riviere, avec une autre piece de pré contenant environ un quartier au deſſus; Et outre auroit promis ledit feu Sieur de Servon bailler & delivrer audit ſieur Parent les papiers terriers, cenciers, tiltres, & autres enſeignemens concernans leſdits cens, mouvances, & choſes cy-deſſus par luy remiſes, cedées, & tranſportées; Au moyen de quoy il eſt porté que ledit Parent auroit quitté & dechargé ledit feu ſieur de Servon de cinq années d'arrerages de ladite rente de quatre-vingt-dix livres, écheüe au jour de ſainte Anne 1631. revenant à la ſomme de quatre cens cinquante livres, enſemble de quatre mil neuf cens dix-ſept livres seize sols pour pretendus arrerages & droits de pressurages. Et pour le regard de la somme de seize mil livres y mentionnée, ledit feu sieur Lyonne seroit obligé la payer audit Parent dans un an, sans deroger par ledit Parent aux Arrests adjudicatifs des dépens, & executoires obtenus en suite d'iceux, qui demeureroient en leur force & vertu, pour s'en prevaloir par ledit Parent au defaut de payement de ladite somme; Et se seroit ledit feu sieur Lyonne departy de toutes les appellations par luy interjettées, des Sentences & jugemens produits par ledit Parent, avec consentement que lesdites Sentences sortent leur plein & entier effet, & les tiltres produits par ledit Parent, concernant la Iustice & Seigneurie de ladite terre de Villemenon sur ladite Paroisse de Servon, en leur force & vertu ; Ce faisant ledit Parent comme Seigneur de Villemenon auroit receu en foy ledit feu Lyonne, à cause de sa maison & heritages scituez en ladite Paroisse de Servon; Ce faisant ledit Parent auroit fait pleine & entiere main levée audit Lyonne, tant de sa personne que de toutes les saisies faites à sa requeste sur ses terres, heritages, & autres choses à luy appartenans, soit qu'elles se trouvent au nom dudit Parent, ou comme ayant les droits cedez d'autres personnes. Copie collationnée d'autre acte passé pardevant Notaires audit Chastelet de Paris le dixiéme Avril 1632. par lequel ledit feu Henry de Lyonne Escuyer Sieur de Servon, & Demoiselle Marie Berault son épouse, auroient declaré que ledit sieur de Servon, pour sortir des prisons du Fort-l'Evesque, où il estoit detenu à la requeste dudit Parent Sieur de Villemenon, avoit esté le jour precedent contraint de figner entre les deux guichets la fufdite transaction, portant entre autres chofes que ledit fieur de Servon auroit accordé audit Parent la haute Iuftice patrimoniale de Servon, bien que par Arreft du Parlement de Rennes icelle haute Iuftice ne luy foit adjugée que par engagement; Plus luy auroit quitté tous les droits honorifiques dans l'Eglife dudit Servon, encore que de tout temps immemorial ils appartiennent aux Seigneurs dudit Servon, comme Patrons laïcs, ainfi qu'il apparoiffoit par les marques & enfeignes qui font en ladite Eglife; Plus auroit efté contraint de confentir à rendre fadite terre & Seigneurie de Servon mouvante de la Seigneurie de Villemenon, encore qu'elle foit mouvante en plein Fief du Roy, à caufe de fa Comté de Corbeil; & non content, ledit Parent l'auroit forcé de luy tranfporter la mouvance & redevance des Fiefs de Reddemont, Bonbon, l'Allemant, & Brafdefert, avec leurs appartenances & dépendances, qui relevent en plein Fief de ladite terre de Servon. Davantage auroit efté contraint quitter & abandonner audit Parent le droit de bannalité des moulins à eauë dudit Servon, avec celuy des preffoirs, encore que ledit droit de bannalité des moulins foit & appartienne à ladite terre de Servon, & que pour la bannalité des preffoirs, il ait efté par Arreft du Parlement de Rennes, ordonné que ledit Parent auroit feulement la bannalité des preffoirs pour ce qui concernoit le vin des vignes eftant en fa cenfive, & non fur les cenfives dudit fieur de Servon; Outre ce auroit efté contraint ceder & tranfporter audit Parent les cens & rentes dépendans de ladite terre & Seigneurie de Servon

en

argent, poules & chapons avec fix arpens de pré, auſſi des dépendances d'icelle terre de Servon, outre une grande & exceſſive ſomme de deniers, en quoy ledit ſieur de Servon ſe ſeroit obligé envers ledit Parent, & pour autres cauſes y mentionnées, ledit ſieur de Servon, & la Dame ſon Epouſe, auroient proteſté que ledit Contract de tranſaction & tranſport y contenu, ne leur pûſt nuire ny prejudicier, de s'en faire relever comme eſtans faits par force & contrainte, & pour chercher la liberté dudit ſieur de Servon. Acte d'élection de tuteur, & ſubrogé tuteur fait au Chaſtelet de Paris le 7. Iuin 1649. des perſonnes de Iean François le Vieux Eſcuyer ſieur de la Mothe Deſgrié, & de Charles Berault Eſcuyer oncle maternel dudit Henry de Lyonne. Sentence dudit Chaſtelet de Paris du 26. Iuin audit an 1649. par laquelle eſt permis audit ſieur de la Mothe Deſgrié tuteur dudit Henry de Lyonne ſieur de Servon de renoncer pour ledit mineur à la ſucceſſion dudit deffunt ſieur de Lyonne ſon pere, enſuite de laquelle permiſſion, eſt l'acte de ladite renonciation dudit jour & an; Sentence des Requeſtes du Palais à Paris du 14. Iuillet 1649. renduë entre ledit ſieur de la Mothe Deſgrié tuteur dudit Henry de Lyonne Eſcuyer ſieur de Servon d'une part, & Demoiſelle Marie Berault veuve dudit feu ſieur Henry de Lyonne ſieur de Servon, tutrice de Claude de Lyonne ſon fils, heritier dudit deffunt ſieur de Servon, deffendereſſe d'autre, par laquelle la ſubſtitution dont eſtoit queſtion eſt ouverte en la perſonne dudit Henry de Lionne, & en conſequence qu'il ſeroit mis en poſſeſſion des choſes mentionnées par la donation du 7. Iuin 1606. deffenſes de l'y troubler, & ſans dépens. Sentence deſd.

D

Requeftes du Palais à Paris obtenuë le 7. Mars 1663. par ledit fieur de Lyonne fieur de Servon fur fa remonftrance judiciaire faite en icelle, à ce qu'iceluy fieur de Verthamon foit condamné fe defifter & départir de tous les droits & heritages alienez par ladite tráfaction du 9. Avril 1632. comme dépendante de ladite fubftitution du 7. Iuin 1606. le tout avec reftitution de fruits depuis le 12. Fevrier 1649. jour du deceds du pere dudit fieur de Servon, & fans prejudice à luy de fes autres droits & actions, par laquelle defaut eft donné contre ledit fieur de Verthamon & fon Procureur, & pour le profit d'iceluy ordonné que ledit fieur de Verthamon viendroit deffendre au premier jour fur les fins & conclufions dudit fieur de Servon, fignifié au Procureur dudit fieur de Verthamon ledit jour 7. Mars 1663. Deffaut obtenu par ledit fieur de Servon à faute de deffendre par ledit fieur de Verthamon fauf huitaine, le 9. dudit mois & an fignifié à fon Procureur le 13. dudit mois. Copie de commiffion obtenuë en la Chancelerie de France par ledit fieur de Verthamon, le 8. Avril audit an 1663. aux fins de faire affigner audit Confeil ledit de Lyonne, & autres qu'il appartiendroit, pour voir dire & ordonner que la demande & procez qu'il a formé & intenté aufdites Requeftes du Palais à Paris, pour raifon de la terre de Villemenon, fera evoqué, & renvoyé en la Chambre de l'Edit de Bordeaux, pour y proceder fur icelle conjointement avec le procez y renvoyé, & pendant contre le fieur Dollu, le fieur & Dame de faint Ioüin, & autres parties y comprifes & nommées, en fuite de laquelle commiffion eft l'Exploict d'affignation donné audit de Lyonne à comparoir audit Confeil pour proceder sur les fins d'icelle le 12. dudit mois d'Avril 1663. Copie collationnée d'Arrest contradictoirement rendu en la Chambre de l'Edit de Guyenne entre Messire François Dollu Seigneur de l'Escluse demandeur en lettres en forme de Requeste Civile contre l'Arrest de la Chambre de l'Edit de Paris du 5. Avril 1642. d'une part, & Dame Marguerite du Parent femme de Messire Gaspard du Fay Seigneur de saint Ioüin, Conseiller de sa Majesté en ses Conseils, deffenderesse, & ledit sieur de Verthamon deffendeur d'autre, & Demoiselle Bonne Dollu adherante ausdites lettres de Requeste Civile d'autre, le 10. Iuillet 1663. par lequel sur lesdites lettres en forme de Requeste Civile obtenuës par ledit sieur Dollu, & Requeste de ladite Bonne Dollu, comme aussi sur les conclusions prises par ledit sieur Dollu contre ledit sieur de Verthamon, les parties auroient esté mises hors de Cour & de procez, sans dépens & amende, & pour cause. Copie de Contract de vente faite par Messire Iean Iacques Dollu Seigneur de Dampierre, & Dame Suzanne du Parent son Espouse, separée quant aux biens d'avec luy, lequel l'auroit authorisée pour cét effet, audit sieur de Verthamon le 21. Aoust 1645. de la terre & Seigneurie de Villemenon, située en Brie, avec toutes ses appartenances & dépendances, & annexes, moyennant la somme de cent dix-sept mil livres, de laquelle somme en demeureroit és mains dudit sieur de Verthamon la somme de huit mil livres pour la garentie des choses alienées par la transaction du 9. Avril 1632. jusques à ce que l'opposition qui avoit esté formée au Decret de ladite terre de Villemenon par le feu sieur de Servon pere, afin de di-

D ij

ſtraction des choſes alienées, fut vuidée, ſans meſme en faire intereſt aprés deux années paſſées; ledit Contract ſignifié à la Requeſte dudit ſieur de Verthamon au Procureur dudit ſieur de Lyonne le 20. Ianvier 1646. Copie d'Arreſt du Parlement de Paris contradictoirement rendu à la pourſuite dudit ſieur de Verthamon le 27. Fevrier 1646, portant que l'adjudication de la terre de Villemenon ſera faite à la charge du procez contre ledit ſieur de Lyonne, & qu'en cas qu'il obtienne à ſes fins, diminution fera faite ſur le prix de l'adjudication de la ſomme de huit mil livres que ledit ſieur de Verthamon retiendra par ſes mains en payant l'intereſt aux termes du Contract fait entre luy, & ledit Dollu; ledit Arreſt ſignifié le 2. Mars 1646. Coppie collationnée de Contract paſſé par devant Notaires au Chaſtelet de Paris les 18. May & 16. Octobre 1538. par lequel le ſieur Guillard de Lamet Commiſſaire du Roy, ſuivant les Lettres & Edit publiées au Parlement, pour aliener le domaine & aydes de ſa Majeſté hors la ville de Paris, auroient vendu à Meſſire Anthoine Bohier, & Demoiſelle Anne de Poncher ſa femme, Seigneur & Dame de Villemenon, le droit de haute juſtice & voirie, & tous autres droits dépendans de haute Iuſtice, que le Roy a à cauſe de ſa Chaſtellenie de Corbeil, avoit & pouvoit avoir aux villages de Servon, & Forcilles en Brie, moyennant la ſomme de cent livres, qui avoit eſté payée comptant, & eſt dit ladite vente faite par & ſous telle condition que le Roy, ſes hoirs & ſucceſſeurs Roys de France pourroient toûjours & perpetuellement quand bon leur ſembleroit, ravoir, recouvrer, & racheter leſdites choſes venduës deſdits achepteurs;

leurs hoirs & ayans cause, en leur remboursant ladite
somme de cent livres, frais & loyaux cousts, & outre à
la charge de tenir lesdites choses venduës en foy &
hommage dudit Seigneur Roy, à cause de sadite Chastellenie de Corbeil. Coppie non signée du Contract
d'acquisition de ladite terre & Seigneurie de Villemenon faite par ledit feu Paul Parent, de Messire Charles
de Rostain, le 16. Iuillet 1597. par lequel il est dit, que
ledit sieur de Rostain auroit promis garentir de tous
troubles generalement quelconques ladite terre & Seigneurie de Villemenon & ses appartenances; Et quant
aux hautes Iustices dudit Servon & Fourcilles, de ses
faits & promesses & obligations de ceux de ses predecesseurs seulement, d'autant que lesdites Iustices ont
cy-devant esté acquises par lesdits predecesseurs du Domaine du Roy à faculté de rachapt perpetuel. Arrest du
Parlement de Paris du 30. Iuillet 1599. rendu entre Maistre Claude Mallier Seigneur de Servon en Brie demandeur d'une part, & Maistre Nicolas de Neufville Seigneur de Villeroy Conseiller du Roy & Secretaire d'E-
stat, & ledit Paul Parent sieur de Villemenon defendeur; Et encores les Colonels des Suisses Vizer, & Stu-
der intervenans d'autre, par lequel sur la demande dudit sieur Mallier afin d'estre receu opposant à l'enteri-
nement des lettres obtenuës par ledit Parent, pour se faire engager la haute Iustice de Servon pour rentes de
l'Hostel de ville, au lieu que par l'Edit du Roy pour la
revente de son domaine, les encheres doivent estre faites en argent, offrant ledit sieur Mallier d'encherir ladite haute Iustice de Servon seule à deux cens écus, &
voire plus si elle estoit encherie, au lieu que celles de

Servon, & Fourcilles avoient esté conjointement adjugées à cent livres seulement une fois payez: Et oüy le sieur Marion Advocat General, LA COVR auroit receu lesdits Colonels Suisses à intervenir, & ledit Mallier opposant à l'entherinement des lettres obtenuës par ledit Parent. Les parties appointées à produire, bailler moyens d'intervention, causes d'appel, & réponses, & en jugeant seroit fait droit sur les conclusions du sieur Procureur General. Autre Arrest contradictoire dudit Parlement de Paris rendu entre les parties dénommées au precedent Arrest, & sur les lettres-Patentes dudit sieur Procureur General, afin de reünion de ladite haute Iustice de Servon & de Fourcilles à ladite Chastellenie & Prevosté de Corbeil du 13. May 1600, par lequel ayant égard ausdites lettres, auroit esté ordonné que ladite haute Iustice de Servon & Fourcilles seroit reünie à la Chastellenie & Prevosté de Corbeil, en remboursant ledit Parent de la somme de trente-trois écus un tiers, pour laquelle ladite haute Iustice esdites terres avoit esté alienée par ledit Contract du 16. Octobre 1538. & de la somme de dix écus pour les frais & loyaux cousts de ladite acquisition, sans que ladite haute Iustice à l'avenir puisse estre desunie & démembrée de ladite Prevosté de Corbeil, ny separément procedé à la revente d'icelle. Autre Arrest dudit Parlement rendu sur la Requeste dudit sieur de Villeroy le 7. Iuillet 1600. & sur le veu de ses offres faites audit Parent des sommes contenuës au precedent Arrest par lequel est ordonné, qu'en consignant par ledit sieur de Villeroy au Greffe de la Cour lesdites sommes, tant luy que le Roy en demeureroient déchargez envers le dit Parent, & tous autres, sauf à les retirer du Greffe, & seroit contraint par toutes voyes restituer audit sieur de Villeroy le Contract d'engagement desdites Iustices, avec defenses d'entreprendre aucun exercice de ladite jurisdiction. Autre Arrest dudit Parlement de Paris rendu sur la Requeste dudit sieur de Villeroy, le 24. Novembre 1600. par lequel attendu qu'en execution dudit Arrest du 13. May audit an, il avoit offert les sommes y contenuës & icelles consignées au Greffe, faute de les avoir acceptées, auroit esté ordonné qu'iteratif commandement seroit fait audit Parent, de rendre audit sieur de Villeroy ledit Contract d'engagement desdites Iustices de Servon, & Fourcilles reünies à la Iustice de Corbeil, sinon seroit fait droit sur la Requeste, afin de contrainte par corps. Iugement rendu par le Iuge Prevost de la ville, Prevosté & Chastellenie de Corbeil sur la Requeste de Louïs Marin Greffier de la moyenne & basse Iustice de Servon, le 13. Iuin 1606. requerant taxe luy estre faite pour la grosse des informations & procedures criminelles faites en la Iustice de Servon par le Iuge d'icelle, lesdites grosses apportées & mises au Greffe de ladite Prevosté de Corbeil, pour estre procedé à la perfection & jugement dudit procez, comme Iuge superieur dudit Iuge de Servon, à cause de la haute Iustice appartenante au Roy, exercée audit Corbeil. Copie de commission decernée par le sieur Guillard Maistre des Requestes, Commissaire ordonné par le Roy sur le fait de l'alienation de son domaine en la charge & generalité d'outre-Seyne, & Yonne, adressante au Prevost de Corbeil, pour informer de la valeur annuelle de la Iustice de Servon, avec le Procureur de fa Majefté audit Corbeil du 6. May 1538. Information faite par ledit Prevoft de Corbeil affifté du Procureur de fa Majefté audit lieu, de la valeur de ladite haute Iuftice de Servon, & de Fourcilles, à la pourfuite & diligence de Maiftre Antoine Bohyer, & Demoifelle Anne de Poncher fa femme, Seigneur & Dame de Villemenon du 11. May 1538. contenant les depofitions des témoins oüis en icelle, qui raportent qu'à l'égard de la haute Iuftice de Servon, ils ne fçavoient quel profit le Roy en pouvoit recevoir annuellement, parce qu'ils n'avoient point eu de connoiffance qu'il fut avenu aucunes amendes, aubaines, & confifcations. Copie collationnée de l'inventaire de tous les titres concernans la terre & Seigneurie de Villemenon, baillez & delivrez par ledit fieur de Roftain audit feu Parent, & Dame Magdelaine de Canaye fa femme du 27. Fevrier 1598. enfin duquel eft leur reconnoiffance paffée pardevant Notaires au Chaftelet de Paris, d'avoir receu lefdits titres dudit fieur de Roftain, dans lequel inventaire eft enoncé le Contract d'allienation de la haute Iuftice de Servon & Fourcilles, audit Contract eft compris la commiffion du Roy pour ladite alliennation donnée à Compiegne du 25. Fevrier 1536. & 18. May 1538. Placet prefenté au feu fieur de Villeroy, haut Iufticier de Servon à la recommendation dudit fieur Mallier Seigneur moyen & bas Iufticier dudit Servon du 26. Iuillet 1604. fur lequel ledit fieur de Villeroy auroit permis de faire celebrer la Fefte de Valetz audit Servon au jour Saint Loüis lors prochain. Commiffion du Prevoft de Corbeil aux Iuge, & Officiers des moyenne & baffe Iuftice dudit Servon pour l'execution de ladite permiffion du

24. Aouſt 1604. Ordonnance du Seigneur de Servon bas & moyen Iuſticier dudit lieu, pour l'execution des precedentes dudit jour & an. Copie d'Arreſt contradictoire du Parlement de Rennes rendu le 1. Iuillet 1628. entre ledit Parent ſieur de Villemenon & de Servon appellant d'une part, & Demoiſelle Elizabeth de Longueil vefve du feu ſieur Claude Lyonne Eſcuyer ſieur de Ceüilly, & curatrice de Henry de Lyonne ſieur de Servon, & encore és qualitez qu'elle procede, inthimée & appellante, & autres d'autre, par lequel à l'égard de la moyenne & baſſe Iuſtice & qualité de Seigneur de Servon, enſemble pour les droits honorifiques reſpectivement pretendus par les parties en l'Egliſe dudit lieu, leſd. parties ſont appointées à conteſter plus amplement, & faire procez verbal de l'eſtat de ladite Egliſe. Cinq quittances des Seigneurs de Villemenon des 24. Aouſt 1547. 10. Aouſt 1583. 25. Mars 1585. 1. Iuillet 1589. & 5. Decembre 1598. par leſquels ils ont reconnu avoir receu des ſieurs Moulin, Chambrillant, & Mallier Seigneurs de Servon, les arrerages de la rente y mentionnée qu'ils avoient à prendre ſur ladite terre & Seigneurie de Servon. Quatre quittances dudit feu Paul Parent Seigneur de Villemenon des 13. Novembre 1598. 15. Ianvier, & 20. Iuillet 1600. & 10. Aouſt 1602. par leſquelles il a auſſi reconnu ledit Mallier pour Seigneur de Servon. Copie collationnée d'aveu rendu le 26. Octobre 1575. par Iacqueline Hurault Dame de Villemenon de ladite terre & Seigneurie au ſieur de Saint André Conſeiller au Parlement de Paris, & Preſident des Requeſtes du Palais audit lieu, Seigneur hereditaire du Vicomté de Corbeil, au bas duquel eſt ſa reconnoiſſance, qu'au-

E

tant dudit aveu & dénombrement, & papier terrier y mentionné luy auroit esté baillé par lad. Dame de Villemenon du 8. May 1576. Copie collationnée d'Arrest contradictoire du Parlement de Rennes du 28. Iuin 1634. rendu entre ledit Henry de Lyonne Escuyer sieur de Servon appellant & demandeur en Requeste civile d'une part, & led. Parent sieur de Villemenon & Servon, inthimé, deffendeur & demandeur en autre Requeste civile; & Dame Marie Berault femme dudit Lyonne, & separée de biens d'avec luy, & tutrice des enfans de leur mariage, aussi appellante & demanderesse en autre Requeste Civile, & ledit Parent inthimé & deffendeur; & encores lesdits Lyonne, & Berault sa femme, demandeurs en autres lettres de Requeste Civile, & ledit Parent deffendeur, par lequel entre autres choses ayant égard aux lettres obtenuës par lesdits de Lyonne, & Berault sa femme, & offres dudit Parent, les parties sont mises en l'estat qu'elles estoient avant la transaction du 9. Avril 1632. Contract passé pardevant Notaires au Chastelet de Paris le 14. Octobre 1460. par lequel Iean de Marigny Procureur de Dame Perrette de la Riviere d'Aulnoy Dame de la Roche-Guyon, de Servon, & de la Borde-Grapin, a vendu à Messire Louïs de Bohene dit de la Rochette, Chevalier, Conseiller, & Maistre d'Hostel du Roy, Seigneur de Bruyeres, & Capitaine de la Bastille Saint Antoine à Paris, les terres & Seigneuries de Servon, & de la Borde-Grapin, moyennant la somme de huit cens vingt-cinq livres parisis francs, aux clauses & conditions y contenuës. Copie collationnée de Contract passé pardevant Notaires audit Chastelet de Paris le 26. Avril 1584. par lequel Dame Louïse du Moulin femme & épouse de Messire Sebastien de Morton Chevalier de l'Ordre du Roy, Capitaine de la porte, & Gentil-homme ordinaire de la Chambre de sa Majesté, a baillé à Maistre Claude Mallier sieur du Houssay Conseiller de sa Majesté, & son Secretaire, à titres d'échange, lesdites terres & Seigneuries de Servon, & de la Borde-Grapin, dans lequel Contract toutes les appartenances & dépendances de ladite Seigneurie, sont specifiées, entr'autres l'Hostel Seigneurial, la moyenne & basse Iustice, les droits Seigneuriaux & Feodaux, les arriere-Fiefs, & autres semblables. Copie d'acte passé pardevant Tabellion Royal de la Prevosté, & de la Chastellenie de Corbeil, le 29. Ianvier 1589. entre ledit Mallier sieur du Houssay, & de Servon d'une part, & Iacques Noüette, André Paillault, & autres y dénommez, mannans & habitans de la Paroisse & village de Servon, par lequel lesdits habitans s'obligent à apporter doresnavant plus d'ordre, & plus d'exactitude qu'ils n'avoient fait par le passé, pour les reparations & ornemens de l'Eglise, pour l'heure de la celebration du service divin, pour l'inhumation des morts en temps de peste, & pour plusieurs autres Reglemens concernans lesdits habitans en public. Copie collationnée d'aveu, foy & hommage rendu au Roy le 12. Aoust 1606. à cause de sa Comté & Chastellenie de Corbeil par ledit Parent sieur de Villemenon de quatre-vingts dix livres de rente fonciere, Seigneurialle, & feodalle, & de bail d'heritage à les avoir, & prendre par chacun an le jour & Feste de Saint Anne sur ladite terre & Seigneurie de Servon, & de la Borde-Grapin, qui ont cy-devant appartenu à Abel de la Rochette, consistant en Iustice moyenne & basse détenuë par ledit Mallier sieur du Houssay, & par luy acquis, à la charge de ladite rente; en suite est la description de ladite terre de Servon. Copie collationnée d'Ordonnance de la Chambre des Comptes de Paris du 25. Fevrier 1625. de cinq actes de foy & hommage de la terre, Seigneurie, & Fief de Servon renduë au Roy, & receuës en ladite Chambre des Comptes par Iean du Fevre Escuyer, Abel de la Rochette Escuyer sieur de Servon, Iacques du Moulin, Iacques de Cocherel Escuyer, & par Sebastien Moiton des quatriém May 1582. 12. Fevrier 1584. 7. Octobre 1532. 22. Fevrie 1572. & 11. Mars audit an. Copie collationnée d'aveu rendu au Roy par ledit sieur Mallier sieur de Servon de ladite terre & Seigneurie, le 26. Fevrier 1599. pour satisfaire à une Sentence renduë en la Iustice du Treso à Paris, du 14. Ianvier audit an, à la requeste du Procureur de sa Majesté, joint avec luy le sieur de Villero engagiste du domaine de Corbeil, & sur les poursuite par eux faites contre ledit sieur Mallier, dans leque aveu est employé le Chasteau Seigneurial, les fiefs & arriere-fiefs de Servon, la Iustice moyenne & basse & autres droits feodaux & Seigneuriaux qui luy appartiennent. Copie collationnée d'aveu rendu par Messir François de Saint André President au Parlement de Paris, à cause de Demoiselle Marie de Guetteville sa femme, de la Vicomté de Corbeil à luy appartenante hereditairement, consistans en droits Seigneuriaux su plusieurs terres & heritages specifiez audit aveu, entre lesquels est le Fief, terre, & Seigneurie de Villemenor du 7. Decembre 1540. Copie collationnée d'aveu baill en la Chambre des Comptes de Paris, le 19. Avril 1645. par M.re Iean de Flexelles Vicomte heredital de Corbeil, & Président en ladite Chambre, dans lequel ladite terre & Seigneurie de Villemenon, est pareillement comprise comme un Fief mouvant dudit Vicomté. Copie collationnée d'acte expedié en la Iustice de Servon par le Prevost dudit lieu, pour Demoiselle...... de Longueil tutrice de Henry de Lyonne son fils, Seigneur de Servon, du 2. Aoust 1618. Copie collationnée d'Arrest du Parlement de Paris rendu contradictoirement en l'Audiance d'iceluy, le 8. Iuillet 1599. entre ledit Parent sieur de Villemenon appellant de Sentences renduës au Tresor le 20. Avril 1598. Sentence du Prevost de Paris du 27. Avril, & de tout ce qui s'en est ensuivy, & demandeur en lettres du 28. Ianvier, & deffendeur d'une part, & ledit sieur de Neufville sieur de Villeroy usufruitier de Corbeil inthimé, deffendeur & demandeur en lettres du 30. Mars 1599. par lesquelles sur les Plaidoyers des parties, & du sieur Procureur General du Roy, la Cour a mis les appellations, & ce dont a esté appellé au neant, a fait inhibitions & defenses aux Iuges du Tresor de prononcer nonobstant l'appel, & passer outre ; ains leur enjoint defferer aux appellations, suivant l'Ordonnance, a receu ledit Parent opposant à l'execution des lettres obtenuës par ledit sieur de Villeroy au mois de Mars, & pour y faire droit les parties appointées à écrire & produire tout ce que bon leur sembleroit dans huitaine, tous dépens reservez. Arrest contradictoire du Parlement de Paris du 28. Mars 1611. rendu entre ledit sieur de Neufville Seigneur de Villeroy, & Comte par engagement du Comté de Corbeil, d'une part, & ledit Parent sieur de Villemenon & Servon, deffendeur & opposant, par lequel, oüy le Procureur General du Roy, ayant égard aux lettres en forme de Requeste Civile par ledit sieur de Villemenon obtenuës & icelles enterinant, la Cour a remis les parties en tel estat qu'elles estoient auparavant les Arrests des 8. Iuillet 1599. & 13. May 1600. & faisant droit au principal sans avoir égard aux lettres des 30. Mars 1586. & 26. Aoust 1599. a ordonné que ledit sieur de Villemenon & ses successeurs pourront exercer, ou faire exercer la haute Iustice, en & sur le Fief, terre, & Seigneurie de Villemenon, ses appartenances & dépendances, ensemble sur vingt hostée de la Paroisse & village dudit Servon, qu'il se fera bailler & designer par le Substitut dudit Procureur General audit Corbeil, & sur lesdits trois Fiefs, assis audit Servon, selon & ainsi qu'ils se consistent par l'aveu du 21. Iuillet 1369. & sur les Fiefs & heritages assis audit village & Paroisse de Servon, & és environs, sujets aux quatre-vingts-dix livres de rente Seigneuriale & feodale, pour laquelle ledit sieur de Villemenon, & ses predecesseurs, ont fait la foy, & baillé aveu au Comté dudit Corbeil; à la charge que les appellations des jugemens rendus par les Iuges d'iceluy sieur de Villemenon, ressortiront immediatement devant le Prevost dudit Corbeil, & de relever par ledit sieur de Villemenon, pour ladite haute Iustice, en plein Fief du Roy, à cause de sa Comté de Corbeil, sans dépens, dommages & interests. Copie collationnée de Sentence renduë au Chastelet de Paris, le 21. Iuillet 1610. entre ledit Parent sieur de Villemenon, & Servon, demandeur & complaignant d'une part; Et Simon le

Blanc, Iacques Richard, Maiſtres Peintre à Paris, & Nicolas de Cambray Maiſtre Sculpteur à Paris, deffendeurs & accuſez, & Demoiſelle Marguerite de Lyonne vefve du feu ſieur Mallier intervenante, & prenant le fait & cauſe pour leſdits Peintres, & Sculpteur d'autre part; en ſuitte de laquelle eſt autre Sentence dudit Prevoſt de Paris renduë ſur la Requeſte dudit Parent ſieur de Villemenon, le 22. dudit mois de Iuillet 1610. par laquelle eſt permis audit Parent de faire effacer les lettres, ceintures, & armoiries dudit deffunt Mallier, peintes, & appoſées dans ladite Egliſe de Servon, & tout à l'entour du Chœur de la nef, depuis les deffenſes dudit Chaſtelet du cinquiéme Avril mil ſix cens neuf. Enſemble les graveures, par leſquelles ladite Demoiſelle de Lyonne a qualifié ledit feu Mallier ſon mary Seigneur de Servon. Copie collationnée de Sentence dudit Chaſtelet de Paris du premier Aouſt 1619. renduë entre ledit Parent ſieur de Villemenon, appellant du decret decerné par le Prevoſt de Corbeil ſur le requiſitoire du Procureur du Roy, & de tout ce qui s'en eſt enſuivy, & demandeur en requeſte du 6. Iuin audit an, allencontre des Procureur du Roy & Prevoſt de la Prevoſté & Chaſtelenie dudit Corbeil, inthimez & deffendeurs, par laquelle ſentence ledit ſieur de Villemenon eſt maintenu & gardé en la poſſeſſion & joüiſſance de faire exercer par ſes Officiers la Iuſtice haute, moyenne & baſſe ſur le Fief, terre & Seigneurie de Villemenon, ſes appartenances & dependances, enſemble ſur vingt hoſtée de la Paroiſſe & village de Servon, & la haute Iuſtice ſur les Fiefs & heritages ſituez dedans le village & Paroiſſe de Servon & és environs;

sujets au payement de quatre vingt-dix livres de rente Seigneuriale & feodale, suivant l'Arrest de la Cour du 28. Mars 1611. avec deffenses audit Prevost & Procureur du Roy de Corbeil de troubler ny empescher ledit sieur de Villemenon & ses Officiers en la joüissance & exercice de ladite Iustice, suivant & conformement ausdits Arrests. Sentence des Requestes du Palais de Paris du 17. Decembre 1556. renduë entre Maistre Anthoine Bohier & Dame Anne Poncher sa femme, haut Iusticiers du village de Servon, demandeur & complaignant, d'une part; Et Blaise Formentin, Estienne Veniel, & autres n'agueres valets de feste audit lieu deffendeurs, par laquelle lesdits Bohier & sa femme comme hauts Iusticiers de la terre & Seigneurie de Servon, sont maintenus en la possession de certains droits à eux appartenans, specifiez en ladite Sentence. Cahier de papier contenant copies collationnées de plusieurs pieces des années 1548. & des années posterieures, par lesquelles appert que les Seigneurs de Villemenon estoient Seigneurs hauts Iusticiers dans le village de Servon, comme quittances de gages d'Officiers. Sentences par eux renduës entre des habitans de Servon, & autres semblables, mesme ledit Arrest du Parlement du 28. Mars 1611. Sentence desdits Commissaires generaux deputez par le Roy pour la revente du Domaine, renduë sur la requeste dudit Parent sieur de Villemenon & de Servon en Brie, par laquelle il est déchargé de l'assignation à luy donnée pour raison de ladite haute Iustice du village de Servon, & Forcilles, sauf au Procureur du Roy à se pourvoir au Parlement contre l'Arrest d'iceluy le 29. Decembre

cembre 1621. Sentence contradictoire renduë au Baillage du Palais à Paris le 31. Ianvier 1625. par laquelle ledit sieur Parent Seigneur de Villemenon est maintenu en la possession & joüissance de la haute Iustice de Servon, & droits honorifiques dans l'Eglise, privativement à tous autres, avec défenses audit Lyonne de l'y troubler. Copie de conclusions du sieur Procureur general du Parlement de Rennes du 28. Iuin 1627. Copie figurée du Contract du 16. Octobre 1538. au pied de laquelle est l'extrait d'une Sentence renduë au Chastelet de Paris le 10. May 1630. par laquelle la minute & les grosses, & expeditions qui en ont esté delivrées, ont esté declarées nulles sur la requeste du Procureur du Roy du Chastelet. Rapport des Experts, ausquels ladite minute avoit esté montrée de l'ordonnance dudit Chastelet du 24. Ianvier 1629. par lequel ils font toutes les observations desquelles resultent la fausseté de ladite piece. Sentence du Chastelet de Paris du 10. May 1630. renduë sur la requeste du Procureur du Roy en iceluy, par laquelle apres que Moufle Notaire audit Chastelet auroit esté oüy, ainsi qu'il est contenu au procés verbal dudit jour 10. May 1630. & oüy sur ce le Procureur de sa Majesté en ses conclusions, que la minute du contract passé par Guillaume de Larche & François de Larche Notaires audit Chastelet, en date du Samedy 18. May & 16. Octobre 1538. signé F. de Larche, concernant la vente pretenduë faite par Maistre André Guillard sieur de Mortier, & Messire Antoine de Lamet Chevalier Seigneur dud. lieu, Commissaires speciaux par lettres d'Edit à Maistre Denis du Chemin Procureur en Parlement, stipulant pour Messire Antoine Bohier

F

Chancellier, & Demoiselle Anne du Poncher sa femme, Seigneur & Dame de Villemenon de la haute Iustice de Servon & Fourcilles, ensemble les Contracts tant en grosses que copies collationnees, d'iceux delivrées par ledit Moufle sur ladite minute, sont declarez nuls & de nul effet & valeur; ordonné que ladite minuté demeurera au Greffe civile dudit Chastelet, avec les trois autres pieces y attachées, pour y avoir recours, si besoin est: En quoy faisant ledit Moufle demeurera bien & valablement déchargé, & pour cet effet, luy sera delivré autant de ladite Sentence, desquelles sera fait mention en substance au pied de ladite minute, pour servir à ce que de raison. Memoire non signé pour le procés de Rennes, contenant plusieurs observations qui servent à faire voir la fausseté dudit contract de 1538. Copie de requeste civile, obtenuë au Conseil par ledit Parent Seigneur de Villemenon contre l'Arrest du Parlement de Rennes du 1. Iuillet 1628. le 20. May 1634. Iugement rendu par les sieurs Commissaires deputez par le Conseil le 30. Iuillet 1635. entre ledit Henry de Lyonne sieur de Servon & Damoiselle Berault sa femme, separée de biens d'avec luy, tutrice des enfans de leur mariage, appellans d'une Sentence renduë par un Conseiller du Parlement de Rennes le 8. Ianvier 1633. d'une part, & ledit Parent sieur de Villemenon & de Servon, inthimé d'autre; & lesdits de Lyonne & Berault sa femme demandeurs en lettres en forme de requeste civile des premier May & 7. Iuin 1634. d'une part, & ledit sieur de Villemenon, défendeur d'autre; Et entre ledit sieur de Villemenon, demandeur en autre requeste civile du 10. May audit an 1634. d'une part, & ledit de Lyonne & ladite Berault, défendeurs d'autre ; par lequel lesdits sieurs Commissaires faisant droit sur tous les procez & differens civils desdites parties, requestes civiles des premier May & 7. Iuin 1634. obtenuës par ledit de Lyonne & ladite Berault, ensemble sur l'appel de ladite Sentence du 8. Ianvier 1633. & lettres de rescision obtenuës par lesdits de Lyonne & Berault contre ladite transaction du 9. Avril 1632. ont mis & mettent les parties hors de Cour & de procés, ordonnent que ladite transaction du 9. Avril 1632. sera executée selon sa forme & teneur; & neantmoins pour aucunes bonnes considerations ont déchargé lesdits Lyonne & Berault de la somme de huit mil livres, faisant moitié de seize mil livres portées par ladite transaction pour ladite somme, tenir lieu d'augmentation & suppléement des choses cedées par ladite transaction audit Villemenon par ledit de Lyonne, & entant que touche la requeste civile obtenuë par ledit de Villemenon le 10. May 1634. contre ledit Arrest du Parlement de Rennes du 1. Iuillet 1628. en ce qui concerne la haute Iustice de Servon & Fourcilles, ont lesdits Commissaires ordonné que ledit sieur de Villemenon se pourvoira audit Parlement de Rennes, pour y estre fait droit avec le Procureur general du Roy, sans que ledit de Lyonne y puisse intervenir, & sans dépens ; Et sont lesdits Commissaires d'avis sous le bon plaisir de sa Majesté, qu'elle peut sur les procez criminels mettre les parties hors de Cour & de procés sans dépens, & ordonner conformement aux Arrests dudit Parlement de Rennes du 2. May 1626. & 5. Iuillet 1633. que ledit de Villemenon & les Officiers de la Iustice dudit Villemenon, demeureront en la protection &

sauve-garde du Roy, de Iuſtice & dudit de Lyonne; & faire défenſes audit de Lyonne de leur méfaire ny médire ſur les peines portées par leſdits Arreſts. Ledit jugement ſignifié auſd. Sieur de Lyonne & Dame Berault ſa femme, & à eux fait les défenſes y contenuës le 23. Aouſt 1635. L'inventaire de production faite par ledit du Parent ſieur de Villemenon pardevant leſdits ſieurs Commiſſaires, ſur lequel ledit jugement eſt intervenu. Arreſt du Conſeil du 7. Aouſt 1635. par lequel ſa Majeſté a ordonné que le jugement deſdits ſieurs Commiſſaires ſera executé ſelon ſa forme & teneur; & ce faiſant, a renvoyé ledit ſieur de Villemenon au Parlement de Bretagne, pour avec ſon Procureur general dudit Parlement ſeul, eſtre jugée la requeſte civile, obtenuë par ledit de Villemenon le 10. May 1634. contre l'Arreſt dudit Parlement de Rennes du premier Iuillet 1628. en ce qui concerne la haute Iuſtice de Servon & Fourcilles, pretendüe appartenir à ſa Majeſté, & en tant que beſoin ſeroit, en a attribué toute Cour, juriſdiction, & connoiſſance audit Parlement de Rennes, & icelle interdite à tous autres Iuges; Et faiſant droit ſur les procez criminels deſdites parties, ſa Majeſté a mis icelles hors de Cour & de procés, & ſans dépens, & ordonné conformement aux Arreſts du Parlement de Rennes des 2. May 1626. & 5. Iuillet 1633. que ledit de Villemenon, les ſiens, & Officiers de la Iuſtice de Villemenon, demeureront en la protection de ſadite Majeſté, de Iuſtice & dudit de Lyonne; fait défenſes audit de Lyonne de leur malfaire ny médire ſur les peines portées par leſdits Arreſts. Arreſt contradictoire du Conſeil du 8. Octobre 1647. donné entre Meſſire Iacques Dollu Seigneur de Villemenon & Dampierre, & Dame Suzanne du Parent son épouse, de luy separée quant aux biens, & auctorisée par Iustice, demandeurs d'une part ; Et ledit Henry de Lyonne sieur de Servon, défendeur, & ledit sieur de Verthamon sieur de Villemenon & de Servon, intervenant, par lequel sa Majesté, sans s'arrester aux Arrests du Parlement de Paris des 6. 7. Octobre, vingt-neufiéme Novembre mil six cens quarante-cinq, & 1. Octobre 1646. & aux procedures faites en consequence d'iceux, & sans avoir égard à l'opposition, afin de distraire, formée par ledit de Lyonne aux criées de ladite terre de Villemenon ; a ordonné que ladite transaction du 9 Avril 1632. le jugement souverain desdits sieurs Commissaires du 30. Iuillet 1635. & l'Arrest du Conseil d'homologation d'iceluy du 7. Aoust ensuivant, seront executez de point en point selon leur forme & teneur ; fait deffenses audit de Lyonne d'y contrevenir, ny de se plus pourvoir au Conseil, pour raison de ce, à peine de cinq cens livres d'amende, & condamné aux dépens de l'instance. Arrest contradictoire du Parlement de Rennes du 8. Ianvier 1648. rendu entre ledit sieur de Verthamon sieur de Servon, ayant repris l'instance au lieu & place dudit feu Paul Parent sieur de Villemenon & de Servon demandeur en lettres en forme de Requeste Civile du 10. May 1634. & en execution d'Arrest du Conseil du 7. Aoust 1635. & d'Arrest dudit Parlement de Rennes du 26. Septembre 1647. d'une part, & le Procureur General du Roy deffendeur d'autre, par lequel avant faire droit sur ladite instance, est ordonné qu'extraits seroient faits en presence du Procureur General du Roy en la

Chambre des Comptes de Paris des anciens aveus rendus au Roy par les sieurs de Villemenon & ses predecesseurs, & des comptes rendus en ladite Chambre par les Receveurs du domaine du Roy de Corbeil, de leurs receptes de cinquante ans, avant l'année 1538. & des alienations faites du domaine de Corbeil és années 1536. 1537. & 1538. & que les productions & actes mentionnez en l'Arrest du 1. Iuillet 1628. & Arrest d'appointé du 28. Mars 1611. & les Arrests des 8. Iuillet 1599. & 13. May 1600. & le Contract de l'adjudication du 15. Mars 1646. seront representez pour ce fait, & le tout rapporté en ladite Cour, & communiqué au Procureur General du Roy estre ordonné ce que de raison. Extraits tirez de ladite Chambre des Comptes de Paris, & l'Arrest d'icelle, portant que lesdits Extraits seroient faits & délivrez, par lesquels extraits deux choses sont verifiées; l'une, que jamais les Receveurs du domaine de Corbeil n'ont fait aucune recepte qui regarde la Iustice, ny le lieu de Servon: L'autre, qu'il n'a point esté compté d'aucunes alienations du domaine de Corbeil en l'année mil cinq cens trente-huit, & suivantes. Factum imprimé fait par ledit sieur de Verthamon au procés pendant audit Parlement de Rennes entre luy, comme ayant repris le procés au lieu & place dudit feu Parent Seigneur de Villemenon & Servon, demandeur en lettres en forme de Requeste civile du 10. May 1634. & en execution d'Arrest tant du Conseil du 7. Aoust 1637. que dudit Parlement de Rennes du 28. Iuin 1648. contre ledit sieur Procureur general deffendeur. Arrest contradictoire dudit Parlement de Rennes du 20. Iuillet 1649. rendu entre lesdits sieurs de Verthamon & Procureur general, par lequel la Cour faisant droit ausdites Lettres en forme de Requeste civile, & icelles enterinant a remis les parties en tel estat qu'elles estoient avant l'Arrest contre lequel elles ont esté obtenuës; & ce faisant a declaré la haute Iustice de Servon & de Fourcilles avec ses droits & dépendances appartenir patrimonialement audit sieur de Verthamon en qualité de Seigneur de Villemenon & de Servon, & nullement engagées du Domaine du Roy, sans que sa Majesté y puisse pretendre autres droits que la foy & hommage, rachapt & le ressort. L'original du Contract d'acquisition faite par ledit sieur de Verthamon, & l'adjudication à luy faite au Parlement de Paris par decret du Chasteau de Villemenon scis en la Parroisse de Servon, & autres choses saisies sur ledit sieur Dollu & Dame Suzanne du Parent son Epouse à la Requeste de Maistre Gilles Legalis, moyennant la somme de cent dix-sept mil livres des 21. Aoust 1645. & 9. May 1646. ensuite duquel decret est la quittance du Receveur des consignations dudit Parlement du 22. Avril 1646. de la somme de cent neuf mil livres, faisant partie de ladite somme de cent dix-sept mil livres receuë dudit sieur de Verthamon, sçavoir la somme de cent sept mil livres en deniers comptans, & deux mil livres par les mains, & des deniers dudit sieur Dollu pour pareille somme qui luy a esté payée par ledit sieur de Verthamon, conformément au Contract passé entr'eux le 20. Aoust 1645. pour le prix de l'adjudication faite audit sieur de Verthamon dudit Chasteau de Villemenon & dépendances, le surplus de ladite somme de cent dix-sept mil livres montant à huit mil livres estant demeurée és mains dudit sieur de Verthamon, conformement à l'Arrest dudit Parlement du 27. Février 1646. Et outre a payé les quatre deniers pour livre attribuez au Controle des Consignations. Copie de requeste presentée au Bailly de Villemenon & Servon par le Procureur Fiscal dudit Baillage le 6. Iuillet 1666. à ce qu'il luy fust permis de faire appeller pardevant ledit Bailly ledit Tartereau sieur de Berthemon, & Damoiselle sa femme, pour voir dire que le banc ou selle par eux mis dans le Chœur de l'Eglise dudit Servon, seroit osté, & à eux fait défenses d'occuper aucune place dans ledit Chœur, à peine de cent livres parisis d'amende, applicable à l'Eglise, & de tous depens, dommages, & interests, sur laquelle requeste est ordonné, soient parties appellées; Ensuite est l'assignation donnée ausdits sieurs & Damoiselle de Berthemont en consequence ledit jour & an. Autre exploit d'assignation à eux donnée pardevant le Bailly de Villemenon & Servon à la requeste de Loüis Roussel Marguillier de ladite Eglise de Servon ledit jour 5. Iuillet 1666. pour estre ledit sieur de Berthemon condamné à faire recombler & recarreller la fosse où le corps de son fils, depuis peu decedé, a esté inhumé & enterré, en l'Eglise dudit Servon, sinon & à faute de ce faire, qu'il luy sera permis le faire faire aux frais & dépens dudit sieur de Berthemon, qui seroit condamné de luy en rendre les deniers, & aux dépens. Sentences renduës sur lesdites demandes par ledit Bailly de Villemenon le 6. dudit mois de Iuillet 1666. par lesquelles sans s'arrester au renvoy requis par ledit sieur de Berthemon pardevant le Prevost de Paris, dont il auroit esté debouté, & ordonné

que

que luy & sa femme viendroient défendre ausdites demandes, & cependant par provision, & sans préjudice aux droits & raisons des parties au principal ; défenses sont faites à ladite Demoiselle de Berthemont de prendre ny occuper aucune place dans le Chœur de l'Eglise de Servon pendant le Service divin, à peine de vingt livres parisis d'amende applicables à ladite Eglise, & de tous dépens, dommages, & interests. Actes d'appel interjettez desdites Sentences par lesd. sieurs & Demoiselle de Berthemon, signifiez audit Procureur Fiscal de Villemenon, & audit Roussel Marguillier dudit mois & an. Acte signifié à la requeste dudit sieur de Berthemont audit sieur de Verthamon Seigneur de Villemenon le 24. May 1660. par lequel il luy declare qu'il empesche formellement que ledit sieur de Verthamon n'entreprenne sur les terres dudit sieur de Berthemont scises au terroir de Servon, ny qu'il fasse enfermer & enclore lesd. terres, comme il a encommencé de faire. Et pour avoir acte dudit empeschement, & que défenses luy seront faites de passer outre, seroit ledit sieur de Verthamon adjourné au premier jour pardevant le Prevost de Paris ou son Lieutenant Civil. Copie de Sentence renduë aux Requestes de l'Hostel sur la requeste dudit Sieur de Verthamon le 2. Aoust 1660. par laquelle est ordonné, que sur la susdite demande renvoyée en icelles, les parties procederont en la maniere accoûtumée ; Et cependant par maniere de provision, & sans préjudice du droit des parties au principal, est permis audit sieur de Verthamon de faire continuer sa closture encommencée, sauf à demolir s'il y échoit, & en cas de contravention, permis d'emprisonner les

G

contrevenans. Ladite Sentence signifiée audit sieur de Berthemont le 4. Aoust audit an 1660. Requeste presentée audit Parlement de Paris par ledit Tartereau sieur de Berthemont le 7. dudit mois & an, à ce qu'il fust receu appellant de ladite Sentence des Requestes de l'Hostel, & permis de faire assigner qui bon luy sembleroit, sur lequel les parties auroient audience au premier jour; & cependant que défenses particulieres seroient faites audit sieur de Verthamont de passer outre, faire poursuites ailleurs qu'en la Cour, mettre ladite Sentence à execution, ny continuer son clos, du moins és endroits où il usurpe les terres dudit sieur de Berthemont, sur telle peine qu'il plaira à la Cour, à peine de nullité, cassation de procedures, deux mil livres d'amende, & de tous dépens, dommages, & interests, jusques à ce qu'autrement par ladite Cour en ait esté ordonné. Et au surplus, ordonner que le sieur de Berthemont demeurera en la sauve-garde du Roy, de la Cour, & du sieur de Verthamon; Et pour proceder au principal, renvoyer les parties aux Requestes du Palais sur la demande dudit sieur de Berthemont, & condamner ledit sieur de Verthamon aux dépens, sur laquelle requeste est ordonné les parties à Messieurs de Brillac. Ladite requeste signifiée au Procureur dudit sieur de Verthamon le 11. Aoust 1660. Copies d'exceptions & défenses par ledit sieur de Verthamon, fournies à ladite requeste, & procedures faites en consequence, signifiées au Procureur dudit sieur de Berthemont le 17. dudit mois d'Aoust 1660. Contract de vente faite par ledit sieur de Berthemont à Maistre Iean Noüette sieur de Lorme, demeurant à

Servon, de la quantité de cinquante-quatre arpens, ou environ; tant terres, prez, que vignes, assis au terroir de Servon, Villemenon, Vaulx-dargent, Senteny, & autres lieux à luy appartenans, moyennant le prix & somme de huit mil cinq cens livres, sur laquelle somme ledit Noüette seroit tenu payer en son acquit, & décharge les sommes y specifiées aux y nommez, & aux charges & conditions y contenuës, comme aussi à la charge du procés intenté contre le sieur de Villemenon Verthamon, pour quelques parties desdites terres qu'il a fait enclore de murs, lequel procés ledit sieur Noüette poursuivra, si bon luy semble, à ses frais & dépens, sans que ledit sieur de Berthemon puisse estre tenu de l'evenement d'iceux. Ledit Contract du 15. Novembre 1660. Autre contract de vente faite par ledit sieur de Berthemon audit sieur de Verthamon pardevant Notaire Royal en la ville & Bailliage & Chastellenie de Brie Comte-Robert le 14. Avril 1665. de la superficie & demolition d'une grange estant dans la cour de la maison où ledit sieur de Berthemon est demeurant, scise audit Servon, se consistant ladite demolition au bois merrien, thuilles, portes, fer, clou, & lattes, & sans aucune chose en reserver, que la pierre qui appartiendroit audit sieur de Berthemon. Ladite vente faite moyennant la somme de deux cens cinquante livres. Copie de declaration & aveu baillé par Iean de Marle sieur de Fourcilles, à cause de Demoiselle Marie Baillif sa femme, audit feu du Parent Seigneur de Villemenon & de Servon, à cause desdites Seigneuries & des heritages y mentionnez du 4. Aoust 1632. Quittance de Paul Charpentier comme

Procureur, & ayant charge dudit sieur de Verthamon, de trente-trois sols quatre deniers receus de Mademoiselle de Berthemon pour quatre années de Cens échûs à la saint Remy, à raison de huit sols par an du 24. May 1647. Quittance dudit sieur de Verthamon de vingt-huit livres dix sols, aussi receuë de ladite Demoiselle de Berthemon pour onze années de Cens, à raison de cinquante sols par chacun an, du 18. Iuillet 1657. Declarations faites aux protestations y contenües par ladite Demoiselle de Marle de Berthemon les 8. & 9. Aoust 1656. contre celle extorquée par ledit sieur de Verthamon. Extrait d'un ancien compte rendu pardevant le Bailly de Brie-Comte-Robert par Maistre Gabriel Digne, habitant dudit lieu, aux Eschevins & habitans de ladite ville, des revenus tant en grains que deniers qu'il a receus & touchez des Fermiers de l'Hostel-Dieu du 11. Février 1661. par lequel appert qu'on ne devoit que deux liards pour septier de bled, & six sols pour muid. Copie collationnée de Sentence des Requestes de l'Hostel, obtenüe par defaut le 10. May 1666. par ledit sieur de Villemenon, contre Pierre Charon, François de la Croix, & autres laboureurs demeurans audit Brie-Comte-Robert, portant condamnation contre eux des sommes y contenües pour les quantitez des muids de grains par eux vendus à raison de douze sols pour muid. Sac dans lequel sont les charges & informations faites au Baillage de Villemenon & Servon pour ledit sieur de Verthamon, demandeur & complaignant, le Procureur Fiscal dudit Baillage avec luy joint, allencontre dudit Tartereau sieur de Berthemon, la Demoiselle sa femme, & Demoiselle de Fourcilles, & Maiſtre Charles Rouzet Preſtre, commis pour deſervir ladite Cure de Servon, défendeurs & accuſez. Arreſt du Conſeil contradictoirement donné entre ledit ſieur de Verthamon, demandeur d'une part; Et ledit de Marle ſieur de Fourcilles, deffendeur d'autre, & Nicolas de Neufville Chevalier des Ordres du Roy, Duc de Villeroy, Pair & Mareſchal de France, receuë partie intervenante, par lequel ſur l'évocation demandée au Parlement de Bordeaux par ledit ſieur de Verthamon de l'inſtance pendante au Parlement de Paris, entre ledit ſieur de Verthamon & ledit ſieur de Fourcilles. Sa Majeſté a renvoyé les parties au Parlement de Paris, pour y proceder entr'elles, ſuivant les derniers erremens, ſans dépens. Ledit Arreſt ſignifié auſdits ſieurs de Villeroy, & de Verthamon, le 16. Octobre 1662. Arreſt contradictoire dudit Parlement de Paris rendu le 12. Iuillet 1664. entre le Procureur General du Roy en iceluy, & ledit de Marle ſieur de Fourcilles, appellans d'une Sentence renduë aux Requeſtes de l'Hoſtel le 8. Mars 1660. d'une part, & ledit ſieur de Verthamon ſieur de Villemenon & de Servon, inthimé & appellant de Sentence renduë en la Chambre du Threſor le 27. Aouſt 1597. d'une part, & ledit Procureur General & de Marle, inthimez d'autre, par lequel la Cour faiſant droit ſur les appellations interjettées par ledit Procureur General, & ledit de Marle, a mis leſdites appellations, Sentences, & ce dont a eſté appellé au neant, emendant aprés les offres faites par ledit de Marle par ſes deffenſes du 14. Iuin 1656. de paſſer titre nouvel & declaration audit ſieur de Verthamon des terres & heritages qu'il tient en ſa cenſive,

G iij

conformément aux declarations paſſées par ſes Autheurs, déclare la maiſon & manoir du grand Fourcilles, baſtimens, cour, baſſe-cour, foſſe à poiſſon, coulombier, jardin & ſept arpens de bois tenans audit jardin, tenus & mouvant du Roy en plain fief, à cauſe de la Prevoſté, Vicomté & Chaſtellenie de Corbeil ; & en conſequence a renvoyé ledit ſieur de Marle des fins & concluſions dudit de Verthamon; condamne ledit de Verthamon aux dépens envers ledit de Marle; & ſur l'appel dudit de Verthamon, a mis les parties hors de Cour & de procez ; ledit Arreſt ſignifié auſdits ſieur Procureur General, & de Verthamon, les 17. & 23. Iuillet 1664. Lettre miſſive dudit ſieur de Verthamon écrite audit ſieur de Fourcilles, par laquelle il ſe plaint de ce qu'il a fait faire un inventaire audit Fourcilles par un Notaire Royal demeurant à Brie, & que c'eſtoit à ſes Officiers à faire ledit inventaire. Deux Arreſts de la Chambre des Comptes de Paris des 14. Fevrier 1645 & dernier Ianvier 1646. par le premier deſquels, entre autres choſes, eſt ordonné, que ledit ſieur de Verthamon, lors Receveur General des Finances en la Generalité de Limoges, & autres y dénommez, ſeroient oüis & interrogez ſur les faits reſultans de certaine information faite par les Conſeillers & Maiſtres commis pour informer des abus & malverſations commiſes au fait & payement de huit millions de livres de rente, aſſignées ſur les tailles. Le ſecond, portant entre autres choſes, qu'il ſera ſurcis à l'execution du precedent Arreſt, juſques à ce que ſa Majeſté deuëment informée des abus & malverſations commiſes au fait des rentes, en ait autrement ordonné. Arreſt du Parlement de Paris du 1. Mars 1650. rendu sur la Requeste de Maistre Robert de Melet President en l'Eslection de Condom contre ledit sieur de Verthamon, par lequel est ordonné, que ledit de Melet sera élargi à sa caution juratoire des prisons de la Conciergerie de Paris, où il avoit esté emprisonné dés le 8. Fevrier mil six cens cinquante, à la Requeste dudit sieur de Verthamon, lors Conseiller audit Parlement de Paris. Copie imprimée de Factum pour ledit de Melet contre ledit de Verthamon. Deux Copies d'Arrests dudit Parlement de Paris des 10. & 13. Fevrier 1661. portant entr'autres, deffenses de mettre à execution les Decrets du Bailly de Villemenon obtenus à la Requeste du Procureur fiscal dudit Villemenon contre les sieurs de Marle, de Fourcilles, le sieur de la Marsaudiere, & la Demoiselle de Loynes sa femme, dudit sieur de Fourcilles. Copie d'autre Arrest dudit Parlement de Paris du 25. Fevrier 1661. portant commission au Bailly de Brie-Comte-Robert d'informer contre le nommé Louys Rouzet & autres serviteurs dudit sieur de Verthamon, pour raison des paroles injurieuses par eux proferées contre la Demoiselle de Fourcilles, & ledit sieur de la Marsaudiere, & du pillage & emportement des biens & meubles dudit sieur de la Marsaudiere, au bas de laquelle est l'assignation donnée aux témoins y dénommez pour venir dire & deposer verité en l'information que ledit sieur de la Marsaudiere, & ladite Demoiselle de Fourcilles pretendoient faire du 4. Mars 1661. L'Original du susdit Arrest du 25. Fevrier 1661. au bas duquel est le desistement de l'execution dudit Arrest, & Commission faite par le sieur Perrin Bailly dudit Brie en datte du 3. Mars 1661.

Cinq Requeſtes dudit ſieur de la Marſaudiere, & de la Demoiſelle de Fourcilles, preſentées tant au Lieutenant dudit Bailly, qu'au Procureur du Roy audit Brie, & autres Officiers de ladite Iuſtice le 5. dudit mois de Mars 1661. tendantes qu'au moyen dudit deſiſtement fait par ledit Perrin Bailly dudit Brie, de proceder à l'audition des témoins, il leur plûſt vouloir leur délivrer Ordonnance pour faire pardevant l'un d'eux proceder à l'execution dudit Arreſt, & commiſſion de la Cour audit Bailly addreſſée au bas de chacune deſquelles Requeſtes eſt la demiſſion de l'execution dudit Arreſt, & commiſſion de chacun d'eux ſignée. Arreſt dudit Parlement de Paris du 9. Mars 1661. rendu ſur la Requeſte dudit ſieur de la Marſaudiere, & de ladite Demoiſelle de Fourcilles, par lequel eſt ordonné ſur le deſiſtement dudit Bailly & Officiers de Iuſtice audit Brie de proceder à l'information requiſe par ledit ſieur de la Marſaudiere, & Demoiſelle de Fourcilles qu'il ſera procedé à ladite information pardevant le Prevoſt de Tournan, ou ſon Lieutenant, au bas duquel Arreſt eſt pareil deſiſtement fait par ledit Prevoſt de Tournan de proceder à ladite information, ledit deſiſtement de luy ſigné du 17. Mars 1661. Requeſte preſentée au Parlement de Paris le 1. Avril 1661. par ledit ſieur de la Marſaudiere, & ladite Demoiſelle de Fourcilles, à ce qu'il plûſt à la Cour, attendu que les Officiers de Brie-Comte-Robert & Tournan n'ont voulu proceder à l'execution des commiſſions à eux données pour l'execution de l'information par eux requiſes contre ledit Rouzet & autres ſerviteurs dudit ſieur de Verthamon commettre tel des ſieurs qu'il luy plairoit, ſur laquelle Requeſte le ſieur

de

de Creil Conseiller auroit esté commis. Copie d'Arrest dudit Parlement de Paris dudit jour 1. Avril 1661. rendu sur ladite Requeste, par lequel est ordonné que ledit sieur de Creil Conseiller en icelle se transportera sur les lieux pour proceder à ladite information. Ordonnances dudit sieur de Creil pour l'execution dudit Arrest, & assignations données aux témoins pour deposer verité en ladite information. Deffauts & readjournemens sur lesdits defauts & ordonnances des 2. 5. 7. 9. & 14. Avril 1661. Acte de comparution faite pardevant Notaires au Chastelet de Paris, contenant la plainte des violences & paroles injurieuses faites & proferées par le nommé Paul Charpentier Procureur Fiscal de Villemenon contre ledit sieur de Fourcilles le 16. Avril 1661. Adjournement personnel donné audit sieur de Fourcilles à la Requeste du Procureur Fiscal de Villemenon du 8. Fevrier 1661. Acte de comparution au Greffe criminel du Parlement de Paris, faite par ledit sieur de Fourcilles le 9. Fevrier 1661. pour ester à droit, estre oüy & interrogé sur les pretenduës charges & informations contre luy faites à la Requeste dud. Procureur Fiscal audit Villemenon. Acte de sommation faite à ..... Dejurandon Procureur audit Parlement de Paris, le 10. Mars 1661. de déclarer s'il est Procureur, & veut occuper pour Maistre Charles Rollant, & Paul Charpentier Bailly & Procureur Fiscal de Villemenon contre ledit sieur de la Marsaudiere, & ladite Demoiselle de Fourcilles. Plusieurs significations faites audit Iurandon Procureur, de placets répondus pour venir plaider à l'Audiance de la Tournelle. Arrest d'injonction au Procureur desdits Bailly & Procureur Fiscal dudit sieur de

H

Verthamon de venir au premier jour pour plaider en l'Audiance, & fignification de faire communiquer fon Avocat, fi bon luy femble, à Maiftre Grillet Avocat dudit fieur de Fourcilles, pour venir plaider Vendredy lors prochain, en la Chambre de la Tournelle, le tout en datte des 5. 14. Mars, 2. 10. 21. 24. May, 6. 21. Iuillet, & autres jours fuivans mil fix cens foixante-un. Qualitez pour dreffer l'Arreft intervenu à la Tournelle fur les pourfuittes cy-deffus faites à la Requefte dudit fieur de la Marfaudiere & ladite Demoifelle de Fourcilles, contre lefdits Bailly & Procureur fifcal dudit fieur de Villemenon, fignifiées audit Iurandon leur Procureur le 21. Iuillet 1661. Copie de Requefte prefentée aux Requeftes du Palais à Paris par ledit fieur de Verthamon le 19. Iuillet 1661. tendante à ce qu'en qualité de haut Iufticier de Fourcilles, il fuft receu partie intervenante, & à prendre le fait & caufe pour fes Officiers; & en outre, par maniere de provifion, que les deux foffes nouvellement faites par ledit fieur de Fourcilles, qui auroient efté recomblées de l'Ordonnance defdits Officiers, & depuis refaites par ledit Sr de Fourcilles feront recomblées & mifes en mefme eftat qu'elles eftoient auparavant l'innovation, comme eftant un nouvel œuvre & entreprife depuis an & jour au prejudice de la poffeffion du public, & particulierement des habitans, vaffaux, & teneurs dudit fieur de Villemenon, duquel mefme ledit fieur de Fourcilles eft vaffal & teneur, avec défenfes audit fieur de Fourcilles, & tous autres de rien innover jufques à ce que par la Cour en ait efté autrement ordonné, fur laquelle Requefte auroit efté mis, vienne à la feconde, fignifiée au Procureur dudit fieur de Fourcilles le 20. Iuillet 1661. Réponses dudit sieur de Fourcilles à la susdite Requeste dudit sieur de Verthamon, signifiée audit Iurandon son Procureur, le 27. dudit mois & an. Copie de Requeste presentée ausdites Requestes du Palais à Paris par ledit sieur de Verthamon le 22. Decembre 1662. tendante aux mesmes que la precedente, sur laquelle Requeste est ordonné, soit partie appellée, en suite de laquelle est la commission desdites Requestes du Palais, pour faire assigner les dénommez en ladite Requeste, & l'assignation donnée audit sieur de Fourcilles, & à la Demoiselle sa femme, à la Requeste dudit sieur de Verthamon ausdites Requestes du Palais, pour proceder sur les fins de ladite Requeste le 4. Ianvier 1663. Copie de Sentence desdites Requestes du Palais obtenuë par deffaut par ledit sieur de Verthamon contre lesdits sieur & Demoiselle de Fourcilles le 28. Fevrier 1663. par laquelle est permis audit sieur de Verthamon de se remettre en possession du chemin dont est question par forme de reintegrande ; & sera la Sentence executée nonobstant l'appel, ensuite de laquelle Sentence est la commission desdites Requestes du Palais pour l'execution de ladite Sentence, avec le procez verbal de signification desdites Sentence & commission audit sieur & Demoiselle de Fourcilles, & sieur de la Marsaudiere, & declaration à eux faite, que pour l'execution de ladite Sentence, il seroit par l'Huissier procedé au remplage des fosses qu'ils ont fait faire pour empécher le passage du chemin dont est question par ses assistans, du 7. Mars 1663. Sentence contradictoire renduë à l'Audiance desdites Requestes du Palais le 19. Mars 1663. entre ledit sieur de Ver-

H ij

thamon demandeur & deffendeur d'une part, & lesdits sieur & Demoiselle de Fourcilles deffendeurs & demandeur d'autre; Et encore Maistre..... Gaudion Controolleur de la maison de feu Monsieur le Duc d'Orleans deffendeur d'autre, par laquelle parties oüyes, est ordonné que la precedente Sentence sera rapportée; fait deffenses aux parties de s'en ayder, & en consequence ordonne que les lieux seront remis en l'estat qu'ils estoient avant la Sentence. Et pour faire droit au principal, ordonne que les parties se communiqueront respectivement leurs deffenses & titres, & en viendront au premier jour; Et avant faire droit sur la demande en complainte pour la closture nouvellement faite, ordonné qu'il baillera icelle par écrit, & sera ledit jugement executé, nonobstant oppositions ou appellations quelconques, & sans prejudice d'icelles. Trois lettres missives, l'une dudit sieur de Verthamon, & les deux autres du nommé Charpentier, par lesquelles on pretend, ledit sieur de Fourcilles avoir envoyé ses deux voitures pendant trois divers jours pour ayder à avancer les labours dudit sieur de Verthamon. Roolle des tailles de ladite Paroisse de Servon pour l'année 1664. par lequel appert que toute la taille de ladite Paroisse de Servon ne montoit qu'à la somme de huit cens trente-deux livres quinze sols, de laquelle somme il paroist que le nommé Iean Noüette en a payé luy seul la somme de trois cens cinquante livres, la vefve Gabriël Noüette la somme de cent soixante livres. Information faite à la Requeste de Maistre Claude Martin Prestre Curé de Servon demandeur & complaignant, le sieur Procureur du Roy au Chastelet de Paris joint, de l'Ordonnance du Lieutenant criminel audit Chaſtelet, à l'encontre des nommez Tiercelin, Piedboin, & autres y dénommez, des mauvais traitemens qu'il a receu d'eux du 14. Septembre 1664. Copie collationnée d'acte de comparution perſonnelle faite au Greffe criminel dudit Chaſtelet de Paris par ledit Martin, pour eſtre interrogé à la Requeſte du Procureur du Roy du 2. Octobre 1665. Copies collationnées de trois actes de ſommations faites audit Procureur du Roy à la Requeſte dudit Martin de luy faire ſon procés criminel qu'il a contre luy intenté à la ſollicitation d'un homme de condition, & de luy faire recoller & confronter les témoins oüis, & informations des 8. 24. & 31. Decembre 1665. Copie collationnée d'Arreſt du Parlement de Paris rendu ſur la Requeſte dudit Martin le 23. Ianvier 1666. par lequel il eſt receu appellant de la permiſſion d'informer, information, decret, & de tout ce qui a eſté fait contre luy en conſequence, tenu pour bien relevé avec deffenſes de paſſer outre, & de mettre les decrets d'adjournement perſonnel, converſion d'iceluy en priſe de corps ſi aucun y a à execution, & d'attenter aux perſonnes & biens dudit Martin, à peine de cinq cens livres d'amende. Certificats du Vicaire general du Dioceſe d'Agde, des Vicaires generaux de Rhodez, & de Paris, du Curé de S. Louys Iſle Noſtre-Dame, du ſieur Archeveſque de Paris, & du Principal du College de Narbonne des 22. Mars 1656. 6. Ianvier, 20. Octobre 1663. 4. Octobre 1664. 6. & 12. Mars 1666. comme ledit Martin a fait ſa reſidence dans Paris & autres lieux, & permiſſion à luy donnée de preſcher & confeſſer dans toute l'étenduë du Dioceſe de Paris. Trois Declarations passées par les nommez Nicolas Pillois Marchand demeurant à Attilly, & Maistre Claude Cordelle Docteur en Medecine demeurant à Brie-Comte-Robert les 22. Septembre 1655. 18. May 1656. & 5. Aoust 1666. qu'ils sont detempteurs & proprietaires des heritages y mentionnez estans en la censive du Roy, à cause de son Comté de Brie-Comte-Robert; & un acte judiciaire au Bailliage dudit Brie-Comte-Robert, entre les sieurs de Bullion Seigneurs par engagement dudit Comté & Domaine, demandeurs contre Michel d'Arbonne Marchand demeurant audit Brie deffendeur, assigné pour passer une declaration des heritages qu'il possede par ledit sieur de Verthamon, comme ayant acquis les droits des Religieux de l'Abbaye de S. Denys en France, dés il y avoit plus de deux ans aux Requestes de l'Hostel, en vertu de son Committimus sur la poursuitte qui en avoit esté faite pardevant le Bailly de Brie, à la Requeste de la feuë Dame de Bullion engagiste dudit Domaine, où ladite instance est encore pendante, il auroit requis absolution de ladite demande avec dépens, ayant esté mal assigné, par lequel acte est ordonné que ledit d'Arbonne seroit tenu de demander son renvoy ausdites Requestes de l'Hostel pardevant ledit Bailly, pour parvenir à la confection du Terrier. Copie de commission obtenuë en la Chancellerie du Parlement de Bordeaux par ledit sieur de Verthamon le 18. Iuillet 1663. aux fins de faire assigner audit Parlement de Bordeaux ledit Maistre Iean Perrin Bailly de Brie-Comte-Robert, & autres Officiers dudit Bailliage, pour voir dire & ordonner l'Arrest qui interviendra audit Parlement de Bordeaux entre ledit sieur de Verthamon &

Dame Angelique Faure veuve de feu Claude Bullion Sur-Intendant des Finances commun, & défendre aux conclusions que ledit sieur de Verthamon entendoit contre eux prendre ; Ensuite de laquelle commission est le pareatis du grand Sceau, obtenu pour l'execution d'icelle par ledit sieur de Verthamon le 8. Aoust audit an 1663. avec l'assignation donnée en consequence audit Perrin Bailly de Brie-Comte-Robert, tant pour luy que pour les autres Officiers dudit Bailliage de Brie, à comparoir audit Parlement de Bordeaux, pour proceder sur le contenu, & en execution de ladite commission le 20. dudit mois d'Aoust 1663. Copie collationnée d'Arrest du Parlement de Paris, rendu en la Chambre des Vacations sur la requeste dudit Perrin le 24. Octobre 1665. par lequel est ordonné commission luy estre delivrée pour faire assigner en iceluy que bon luy sembleroit aux fins de ladite requeste ; Et cependant fait défenses ausdites parties de faire aucunes poursuites pour raison du Domaine de Brie-Comte-Robert, ailleurs qu'en ladite Cour, à peine de cinq cens livres d'amende, & de tous dépens, dommages, & interests. Signification faite dudit Arrest à Iurandon Procureur le 12. Decembre 1665. Acte de notorieté fait pardevant ledit Perrin Bailly dudit Brie-Comte-Robert le 7. Novembre 1665. par lequel Simon Cousin, Pierre Petit l'aisné, Michel d'Arbonne Marchands & autres y denommez, tous demeurans audit Brie, ont dit qu'ils sçavent, & ont bonne connoissance que la ville de Brie a esté assiegée le 24. Février 1649. Que les soldats assiegeans ont entré par la bresche, & estans en ladite ville, ont pris, volé, brûlé, & emporté tous les meubles appartenans aufdits habitans, fans aucuns excepter, pris, brûlé, & déchiré tous le tiltres, contracts, & autres papiers à eux appartenans ; lequel pillage & defordre a duré plus d'un mois. Ont dit que le canon qui fervoit à tirer contre le chafteau, eftoit en la maifon de Loüis Iablier, marchand demeurant audit Brie, & qu'il a perdu comme eux, ayant efté pris fes meubles, & generalement tous fes papiers, tant baux, promeffes, obligations, & quittances de ladite ville, que ceux de fes affaires particulieres ; Qu'ils ont connoiffance que ledit Iablier a employé les deniers d'octroy de ladite ville aux reparations neceffaires à icelle, pendant les années 1646. 47. & 1648. fuivant les Ordonnances & deftinations defdites années, dont & de tout ce que deffus auroit efté octroyé audit Iablier, ainfi que de raifon, par ledit Perrin. Copie collationnée du jugement rendu aux Requeftes de l'Hoftel fur la Requefte dudit fieur de Verthamon, tant en fon nom, que comme ayant la gardenoble de fes enfans mineurs, & de defuncte Dame Renée Quatrefols fa femme, du 16. Fevrier 1658. par lequel il eft ordonné que dans trois mois ledit fieur de Verthamon feroit fa declaration fur la faifie feodalle & mouvance pretenduë par ladite Dame de Bullion, à caufe du Fief dont il s'agit, cependant par provifion, fans prejudice du droit des parties au principal, mainlevée eft faite audit fieur de Verthamon de ladite faifie feodale & bail judiciaire à fa caution juratoire, ce faifant les droits, revenus & émolumens dudit Fief, feront perceus par les Fermiers d'iceluy, qui en demeureront chargez comme depofitaires de biens de Iuftice, & fait

fait deffenses aux Commissaires, Fermiers judiciaires, & tous autres de s'immiscer en la perception desdits droits, & d'y troubler lesdits Fermiers, & audit Perrin Iuge des lieux de connoistre du fait dont il s'agit, à peine de nullité & cassation, ce qui seroit executé nonobstant oppositions ou appellations quelconques, & sans prejudice d'icelles, ledit jugement signifié à ladite Dame de Bullion le 22. dudit mois de Fevrier 1658. Copie de lettres patentes de sa Majesté obtenuës par ledit sieur de Verthamon au mois de Novembre 1657. par lesquelles sa Majesté pour les considerations y contenuës, le maintient & garde ses hoirs & ayant cause en la Iustice, haute, moyenne & basse au Fief & Prevosté, en la place publique de Brie-Comte-Robert, & icelle entant que besoin seroit, sa Majesté leur donne, octroye & accorde pour l'exercice de laquelle ils pourront mettre & établir tels Prevosts, ou personnes capables qu'ils aviseront, en tous les endroits y énoncez, tels que les Chanoines & Chapitre de Nostre Dame de Paris, & Religieux de saint Denys, en ont joüy, ou deû jouïr, conformément aux transaction, donation, & concession faite avec le Comte de Robert, & par la feuë Reine Blanche, nonobstant la discontinuation de l'exercice de ladite Iustice, dont sa Majesté releve ledit sieur de Villemenon, & par lesdites lettres rétablit les trois Foires au Fief, & en la place publique dudit Brie-Comte-Robert: La premiere, le jour de la Mie-Caresme: La seconde, le 25. Iuillet: & la troisiéme, le dernier Novembre de chaque année, & icelles Foires entant que besoin est ou seroit, sa Majesté a créées & erigées par lesdites lettres, adressantes au Par-

I

lement de Paris, pour l'enregiſtrement d'icelles. Extraict non ſigné de l'Hiſtoire de l'Abbaye de ſaint Denys en France, contenant les antiquitez d'icelle, par lequel appert avoir eſté donné aux Religieux de ladite Abbaye par la Reine Ieanne d'Evreux, quatre-vingts quatorze livres trois ſols neuf deniers de rente annuelle & perpetuelle, à prendre par chacun an ſur la recepte de la Chaſtellenie de Brie-Comte-Robert, appartenante au Roy, juſques à ce que ladite rente leur fut autre part baillée. Bail paſſé pardevant Notaires au Chaſtelet de Paris le 29. Decembre 1651. par les y dénommez grand Prieur & Religieux profez de l'Abbaye ſaint Denys en France pour neuf années, à Iean Princet, & Chriſtophle Eve Marchands demeurans à Brie-Comte-Robert, & autres, des terres & Seigneuries auſdits Prieur & Religieux, appartenans en ladite ville de Brie-Comte-Robert, conſiſtans en droits de Iuſtice, haute, moyenne, & baſſe, cens, rentes, lots, & ventes, ſaiſines & amendes, four-à-ban, droit de minage, meſurage, roüage, fourrage, pied fourché, pied-rond, avec leurs languages, & autres droits auſdits Religieux appartenans, ſans ſe rien reſerver ny retenir en quelque ſorte & maniere que ce ſoit, aux charges clauſes & conditions portées par ledit bail, moyennant la ſomme de deux cens ſoixante & dix livres en deniers comptans, une douzaine de fromages du païs au grand moulle, non écremez, & trois chapons ſurannez, le tout de loyer par chacune deſdites neuf années. Copie collationnée du papier terrier, & declarations des cens, ſurcens, rentes, revenus, & droits Seigneuriaux appartenans auſdits Religieux de ſaint Denys en France, à cause du Domaine qu'ils ont en la ville de Brie-Comté-Robert, portans lots, ventes, saisines & amendes quand le cas y échet, en la maniere accoûtumée, payables par chacun an par les detempteurs & proprietaires des heritages, sujets & redevables desdits cens, & autres droits Seigneuriaux aux jours y déclarez, selon la declaration & reconnoissance faites par lesdits proprietaires & detempteurs desdits heritages, pardevant Noël Notaire, Tabellion Royal audit Brie-Comte-Robert des vingt-trois Iuillet, & 10. jour d'Aoust 1579. Quatre declarations passées pardevant Notaire Royal audit Brie-Comte-Robert les 25. Avril 1655. 6. & 11. Mars 1656. par Ieanne Perichon veuve, Estienne l'Evesque, Pierre le Brun, Simon Cousin, & Loüis Chevreau, demeurans audit Brie-Comte-Robert, au profit desdits Prieur & Religieux de saint Denis en France, des heritages à eux appartenans & mouvans, & tenus en censive desdits Religieux, à cause de leur Seigneurie qu'ils ont audit Brie-Comte-Robert. Deux quittances de Frere Lucian le Febvre Religieux de ladite Abbaye de Saint Denis en France, de la somme de deux cens soixante-dix livres chacune, de six chapons & fromages, de la veuve Iean Princet, par les mains de Iean Langlois son fils, & de Christophle Heve pour les années de loyer écheuës au jour de saint Martin d'hyver 1655. & 1656. à cause des cens, rentes, lots, & ventes, droits de mesurages, roüages, & autres droits qu'ils tiennent à loyer desdits Religieux de ladite Abbaye de Saint Denys, des 20. Mars 1656. & 10. Mars 1658. Deux baux passez les 20. Mars 1658. & 9. Mars 1664. l'un passé pardevant Notaires au Chastelet de Paris, & l'autre pardevant Notaire Royal audit Brie-Comte-Robert par ledit sieur de Verthamon Comte de Villemenon & Servon, & Seigneur en partie de Brie-Comte-Robert, de la terre & Seigneurie dudit Brie-Comte-Robert, par luy acquise desdits Religieux, Prieur, & Convent de Saint Denys en France, consistans en droits de Iustice haute, moyenne, & basse, & ainsi qu'il est porté par le precedent Bail fait par lesdits Religieux le 29. Decembre 1651. pour six années chacun, à Catherine Iallon veuve, Iean Princet, Iean Langlois, & ledit Christophle Heve, Marchans demeurans audit Brie-Comte-Robert, moyennant le prix & somme de deux cens soixante-dix livres de loyer par chacune desdites six années, & outre aux charges clauses & conditions portées par lesdits baux. Arrest du Parlement de Bordeaux du 9. Aoust 1666. rendu entre ledit sieur de Verthamon Seigneur de Villemenon, Servon, & en partie de Brie-Comte-Robert, demandeur en entherinement & enregistrement des lettres patentes par luy obtenuës de sa Majesté au mois de Novembre de l'année 1657. concernant la Iustice & autres droits Seigneuriaux qu'il a dans la ville de Brie-Comte-Robert, & la tenuë de trois foires l'année dans la place publique de ladite ville, d'une part ; & le Procureur general du Roy, défendeur d'autre, & Messire de Bullion Seigneur de Bonnelle & autres places, partie au procés, tant pour luy, que pour ses coheritiers en la succession de défunte Dame Angelique Faure leur mere, ladite Faure opposante à la verification desdites lettres, comme Dame par engagement de la terre & Seigneurie de Brie-Comte-Robert par acte au Greffe du Parlement de Paris le 29. Ianvier 1658. & depuis demanderesse en requeste par elle presentée au Conseil le 4. Ianvier 1661. à ce qu'attendu la declaration qu'elle faisoit qu'elle n'entendoit plus estre partie en cette instance, se remettant à sa Majesté de ce qu'il luy plairoit en ordonner, elle fut mise hors de cause, encore d'autre ; & Maistre Iean Perrin Bailly dudit Brie-Comte-Robert, tant pour luy que pour ses autres Officiers dudit Bailliage, & Maistre François Teyssier Substitut du Procureur general audit Bailliage, assignez à la requeste dudit sieur de Verthamon, pour voir dire que l'Arrest qui interviendroit en l'instance d'entre les parties, sera commun avec eux, d'autre part ; Par lequel Arrest la Cour sans s'arrester aux choses alleguées, au contraire a ordonné que lesdites lettres patentes de sa Majesté du mois de Novembre de l'année 1657. seront enregistrées és Registres de la Cour, pour joüir par ledit sieur de Verthamon du contenu ausdites lettres concernant la Iustice & les Foires y mentionnées, lesquelles Foires si elles écheént és jours de Festes indictes par l'Eglise dans ladite ville de Brie-Comte Robert, seront remises au lendemain, declarant ladite Cour, entant que besoin seroit pour le regard de ladite Iustice, ladite Iustice estre haute, moyenne, & basse, & ledit de Verthamon avoir droit de la faire tenir & exercer en ladite qualité dans l'étenduë du Fief de la Prevosté qu'il a dans ladite ville de Brie-Comte-Robert suivant la transaction du mois de Ianvier 1208. passée entre Robert-Comte de Dreux, Eyoland son épouse, d'une part ; Et le Chapitre de Nostre-Dame de Paris, d'autre, comme estant ledit sieur de Verthamon au lieu & place des Religieux & Convent de

I iij

Saint Denys en France, en consequence du transport qu'ils luy ont fait dudit Fief & de ladite Prevosté par le susdit contract du 21. Iuillet de ladite année 1657. Ausquels Religieux & Convent Blanche Duchesse d'Orleans ayant alors les droits dudit Chapitre de Nostre-Dame, avoit fait cession dudit Fief & de ladite Prevosté par l'acte à bail du 15. Decembre 1375. pour l'assignation de partie de la rente de la fondation de deux Messes par jour, faite par la Reyne Ieanne sa Mere dans l'Eglise dudit Convent de Saint Denis. Fait ladite Cour inhibitions & défenses tant aux Officiers dudit Bailliage dudit Brie-Comte-Robert, que tous autres, de troubler ny empescher ceux que ledit de Verthamon établira dans ladite Prevosté pour l'exercice de ladite Iustice, à peine de trois mil livres & de tous dépens, dommages & interests ; sans dépens entre toutes les parties, le tout sans préjudice audit de Verthamon des autres droits Seigneuriaux par luy exposez dans lesdites lettres patentes dudit mois de Novembre 1657. & enoncées dans les baux à ferme desdits Religieux de Saint Denis, & autres susdits tiltres par luy produits au procés, & de se pourvoir contre ceux qui se trouveront estre sujets au payement desdits droits, & qui n'ont esté appellez en l'instance, ainsi qu'il verra bon estre, & à eux ainsi de leurs exceptions. Contract passé pardevant Notaires au Chastelet de Paris le vingt-deuxiéme Février 1588. par lequel lesdits feu Claude Mallier sieur de Servon, & Damoiselle Marguerite de Lyonne sa femme, ont donné aux habitans dudit Servon cent escus d'or sol de rente, à la charge d'en employer une partie aux gages d'un Maistre d'Ecole pour l'instruction des enfans, une autre partie à marier tous les ans de pauvres filles, & encore une autre partie à habiller six pauvres par chacun an, à la charge que les habitans prieront Dieu pour eux. Copie de bail Iudiciaire fait pardevant le Bailly de Villemenon & Servon, à François Chevry de soixante arpens de terres labourables appartenantes à la Fabrique de l'Eglise de Servon pour le temps de six années, moyennant la quantité de deux muids dix septiers & mine de grains, sçavoir un tiers de bled froment, un autre tiers de meteil, & encore un autre tiers d'avoyne du septiéme Mars mil six cens cinquante-deux. Copie collationnée de bail fait par ledit sieur de Verthamon audit Chevry le premier May 1654. duquel est un extrait cy-devant enoncé. Copie collationnée d'autre bail fait par ledit sieur de Verthamon à Claude du Haut de son Domaine de Bonbon avec les terres de la Fabrique & de la Cure de Servon, pour neuf années à raison d'un muid de froment pour dix-huit arpens par chacun an du 3. Novembre 1662. Copie collationnée d'autre bail fait par ledit sieur de Verthamon à François Cousin, pour neuf années de la terre de Villemenon avec les terres labourables, à raison d'un muid de froment pour dix-huit arpens du 24. Iuillet 1662. Compte de l'année 1651. rendu par Estienne Charpentier Marguillier. Declaration passée pardevant le Tabellion Royal à Brie par le sieur Beccasse Curé dudit lieu du 11. Octobre 1666. qu'il n'a fait aucune publication pour affermer les terres de l'Eglise de Servon que le 16. May de ladite année, & non pas en l'année 1665. Extraits des Registres du bailliage de Brie-Comte-Robert, par lesquels appert que depuis l'année 1651. jusques en celle de 1666. le bled froment a valu quelques années jufques à vingt-fix, vingt-huit, trente, & trente-huit livres le feptier. Sentence renduë au bailliage de Melun le 10. Decembre 1599. par laquelle conformément à l'avis des parens des enfans mineurs de deffunt François de Brefme Efcuyer fieur de Servon, & de Damoifelle Anne Amer fa veufve, eft dit que le fief, terre & Seigneurie affis audit lieu de Servon, qui fe confifte en logis, manoir, & baftimens, terres, droits de fief & cenfive appartenans aufdits mineurs, à caufe de la fucceffion de leur feu pere, feroient vendus & délivrez au plus offrant & dernier encherifleur. Contract d'échange fait & paffé pardevant Notaires au Chaftelet de Paris le 26. Avril 1600. par ladite Amer veufve de feu ledit de Brefme, ayant la Gardenoble des enfans mineurs dudit deffunt & d'elle, du fief de Bonbon, fcis au village dudit Servon, confiftant en Iuftice moyenne & baffe audit feu Paul Parent Seigneur de Villemenon, & Demoifelle Canaye fon Epoufe, moyennant la fomme de huit vingts fix efcus de rente audit fieur Parent appartenant. Autre Contract d'échange fait & paffé pardevant Notaires audit Chaftelet de Paris le 16. Ianvier 1608. entre Claude de Morennio Efcuyer fieur de Maifon-fort & de Pallay, & ladite Amer fa femme, auparavant veufve dudit feu fieur de Brefme & de Servon d'une part; Et Maiftre Iacques Bordier fieur Dumez Advocat en Parlement, au nom & comme Procureur de Iean de Brefme Efcuyer fieur de Moufay, Curateur ordonné par Iuftice aux enfans dudit deffunt fieur de Brefme d'autre, d'un moulin à eauë appellé le grand moulin de la terre & Seigneurie de Pallay en Gaftinois,

avec

avec trois arpens de terre d'iceluy, ensemble tous les droits de Champarts de ladite terre & Seigneurie de Pallay, & en contr'eschange ledit Dumez auroit baillé le fief, terré, & Seigneurie de Servon, consistant en Iustice moyenne & basse, cens, rentes, defauts, amendes, & autres droits & devoirs Seigneuriaux & feodaux avec la maison & lieux mentionnez audit eschange. Requeste presentée à sa Majesté, & aux sieurs Poncet, Boucherat, & Pussort Conseillers d'Estat ordinaire, & Commissaires deputez par sadite Majesté par ledit sieur de Lyonne, tendante à ce qu'il plûst à sa Majesté évoquer entant que besoin seroit à elle, & ausdits sieurs Commissaires tous les differens qui sont entre les parties concernant les demandes & pretentions dudit sieur de Lyonne, & y faisant droit, le maintenir & garder au droit de moyenne & basse Iustice dans tout le village de Servon; faire défenses audit sieur de Villemenon de se dire & qualifier Seigneur haut Iusticier autrement que par engagement du domaine de sa Majesté, & condamner à faire rétablir à ses dépens les lettres, armoiries, inscriptions de tombeaux, & autres marques des droits honorifiques dont les Autheurs dudit sieur de Lyonne, comme Seigneurs dans tout le village de Servon, ont joüy de tout temps immemorial dans l'Eglise Paroissiale dudit lieu; Ordonner que sans avoir égard à la pretenduë Transaction du 9. Avril mil six cens trente-deux, & tout ce qui a esté fait en consequence, ledit sieur de Lyonne au moyen de la substitution de la terre & Seigneurie de Servon, ses appartenances & dépendances, declarée ouverte à son profit par Sentence des Requestes du Palais du 14. Iuillet 1649. rentrera en la possession & joüissance de toutes les terres, prez, droits de Fief, & de censive, cens, rentes, poules, chapons, grains & autres choses mentionnées en ladite transaction, & abandonnées par son pere, qui n'estoit que simple usufruitier, lesquels droits iceluy sieur de Villemenon sera tenu de rendre & restituer avec tous les fruits, joüissances, & autres émolumens par luy pris & perceus depuis le temps de ladite ouverture de substitution, avec tous dépens, dommages & interests ; & donner acte audit sieur de Lyonne de ce qu'aux fins de ladite Requeste, il employe ce qu'il a écrit & produit pardevant lesdits sieurs Commissaires, sur laquelle Requeste est ordonné en jugeant, & soit signifié, au bas de laquelle est la signification desdites Requeste & Ordonnance audit sieur de Verthamon des 16. & 30. Octobre 1666. Sommation à la Requeste dudit sieur de Lyonne audit sieur de Verthamon, contenant qu'en consequence de l'ordre verbal que sa Majesté luy a donné, il a remis ses demandes & pieces justificatives d'icelles entre les mains dudit sieur Poncet, à ce qu'il ait à en prendre communication, si bon luy semble, signifiée audit sieur de Verthamon le 28. Iuillet 1666. Autre signification faite à la Requeste dudit sieur de Lyonne audit sieur de Verthamon, de ce que ledit sieur de Lyonne a mis és mains dudit sieur Poncet ses contredits aux écritures & production dudit sieur de Verthamon ; ensemble une production nouvelle, à ce que ledit sieur de Verthamon n'en ignore, & ait à fournir incessamment ses contredits, du 13. Septembre 1666. Autre signification faite audit sieur de Verthamon à la requeste dudit sieur de Lyonne de ce qu'il a mis entre les mains dudit fieur Poncet une feconde production nouvelle, à ce qu'il n'en ignore, & ait à en prendre communication, fi bon luy femble, du 25. dudit mois & an. Information faite par Denys Berthod Procureur, ancien praticien audit Bailliage de Brie-Comte-Robert, exerçant la Iuftice pour l'abfence du Bailly, à la requefte d'Eftienne Garnier, dit l'Efpine, Vallet de Chambre dudit fieur de Lyonne, complaignant pour raifon d'un fufil à luy pretendu pris par un domeftique dudit fieur de Verthamon du 17. Octobre 1666. Copie collationnée de foy & hommages faits au Roy les 26. Ianvier 1539. & 15. Aouft 1546. par Anthoine Bohier, Chevalier Baron de Saint Cirque, Nazelles, de Villemenon, Chambellan & Confeiller ordinaire du Roy en privé Confeil, Gouverneur & Lieutenant General en fes païs & Duché de Touraine, & fon Notaire & Secretaire pour raifon de quarante-cinq livres de rente à heritages infeodez, que ledit Bohier, à caufe d'Anne de Poncher fille de feu Loüis de Poncher, en fon vivant Chevalier Treforier de France, a droit de prendre chacun an fur la Seigneurie de Servon en Brie, tenuë & mouvante de fa Majefté, à caufe de fon Hoftel de Corbeil. Enfuite eft autre acte de foy & hommage rendu à fa Majefté par Iacqueline Hurault Damoifelle vefve de feu François Robertet, en fon vivant Chevalier Confeiller du Roy & Secretaire de fes Finances, pour raifon defdites quarante-cinq livres tournois de rente infeodez, qu'elle a droit de prendre fur ladite terre & Seigneurie de Servon en Brie, icelle Seigneurie mouvante de fa Majefté, à caufe de fa tour de Brie-Comte-Robert, ladite rente à ladite Hurault appartenante à titre d'acquifition du 9. Aouft 1551. avec les actes de main-levée, & délivrance defdites quarante-cinq livres faits audit Bohier, par le Receveur ordinaire, & Voyer de la ville, Prevofté, & Vicomté de Paris, en vertu de l'Ordonnance de la Chambre des Comptes dudit lieu du 29. Ianvier 1539. & 15. Aouft 1546. Sentence des Requeftes du Palais à Paris renduë le 2. Aouft 1577. entre ladite Damoifelle Iacqueline Hurault Dame de Mamey, & de Villemenon, demandereffe d'une part, & Sebaftien de Mareton Seigneur de Champbrillant en Dauphiné Gentil-homme ordinaire de la Chambre du Roy & Lieutenant à la garde de fa porte, & Damoifelle Loüife du Moulin fa femme, deffendeurs d'autre, par laquelle faifant droit fur le tout, les deffendeurs comme heritiers, à caufe de Marie de la Rochette vefve de Philippes du Moulin, & de feu Iacques du Moulin en fon vivant Seigneur de Servon, & Brie, font condamnez à payer & continuër à ladite Hurault par chacun an le jour & Fefte de Sainte Anne quatre-vingts-dix livres tournois de rente qu'elle a droit de prendre & percevoir par chacun an audit jour, fur les biens & heritages mentionnez au procez à chacune partie & portion d'iceux, pour les caufes & moyens contenus & déclarez audit procez, & luy en paffer titre nouvel, & en payer les arrerages pour ce deûs & échus perfonnellement, pour telles parts & portions qu'ils en font tenus comme heritiers dudit deffunt Iacques du Moulin, & hypotequerement pour le tout au payement & continuation, de laquelle rente & arrerage d'icelle declaré les lieux & chacune partie & portion d'iceux affectez, obligez & hypotequez, pour fi meftier eft, eftre criez, subhastez, vendus, adjugez & délivrez par Decret au plus offrant & dernier encherisseur, en la maniere accoûtumée, sauf ausdits défendeurs leurs recours allencontre de qui il appartiendra, & à eux leurs défenses au contraire, & condamnez aux dépens. Exploit d'assignation donnée à la requeste dudit Paul Parent Seigneur de Villemenon audit Mallier sieur du Houssay & Servon le 5. Aoust 1599. à comparoir aux Requestes du Palais, pour se voir condamner comme detempteur, proprietaire, & possesseur de la terre & Seigneurie de Servon, payer & continuer audit sieur de Villemenon quatre-vingt-dix livres tournois de rente fonciere & non racheptable, en passer titre nouvel & reconnoissance, & payer une année d'arrerages d'icelle écheüe le jour & Feste de sainte Anne en l'année 1599. & voir ordonner qu'au payement & continuation de ladite rente, ladite terre & Seigneurie de Servon sera declarée affectée & hypothequée. Repliques dudit Parent fournies aux exceptions dudit Mallier, avec un acte & declaration par luy faite dés 4. Decembre 1599. & 5. Février 1600. Actes d'offres de foy & hommage fait le 17. Iuillet 1600. par ledit Paul Parent Seigneur de Villemenon & de Servon audit Mallier sieur du Houssay & dudit Servon en partie, à cause du Fief de Bombon. Exploit d'assignation donnée à la requeste dudit Parent audit Mallier Seigneur de Servon aux Requestes du Palais à Paris, pour voir declarer ses offres bonnes & valables, le 26. dudit mois de Iuillet 1600. à la requeste dudit Parent sieur de Villemenon audit Mallier sieur de Servon. Défenses fournies par ledit Parent sieur de Villemenon contre la demande de incidente dudit Mallier, afin de commife du 23 Novembre 1608. Copies de deux actes de foy & hommages faits par François de Brefme Efcuyer fieur du Fief de Bonbon affis au village de Servon, à Sebaftien de Morthon, & audit Claude Mallier Seigneur dudit Servon les 20. Ianvier & 4. Aouft 1584. Copie collationnée d'acte d'aveu & denombrement fait le 8. Mars 1588. par ledit de Brefmes fieur du Fief de Bombon audit Mallier Seigneur dudit Servon. Sac dans lequel font des expeditions faites en la moyenne & baffe Iuftice de Servon, à commencer depuis le fieur de Morthon, & continuer pendant le temps de fes fucceffeurs dans ladite Seigneurie de Servon. Arreft du Parlement de Paris rendu en la Chambre des Vacations d'iceluy du 6. Octobre 1645. par lequel eft ordonné que Maiftre Iean Iacques Dollu feroit affigné en icelle pour eftre oüy & interrogé fur le contenu en l'information faite à la requefte dudit Henry de Lyonne Efcuyer fieur de Servon; Ledit interrogatoire communiqué au Procureur general. Cahier imprimé, dans lequel eft une requefte prefentée au Parlement de Paris par Bernard d'Arribat Preftre Curé de la Paroiffe de Servon au Diocefe de Paris, tendante à ce qu'attendu que le libelle diffamatoire que ledit Sieur de Villemenon a fait imprimer contre ledit d'Arribat, eft une contravention formelle à l'Arreft du 10. Decembre 1659. & que la connoiffance de cette contravention appartient à la Cour; Il luy pleut ordonner que commiffion de ladite Cour feroit delivrée audit d'Arribat, pour faire affigner en icelle ledit fieur de Villemenon, pour voir dire que ledit Arreft du 10. Decembre 1659. fera executé ce faisant ordonner que ledit libelle diffamatoire sera laceré par les mains du Greffier; que tous les exemplaires qui en ont esté tirez sur la presse, seront rapportez, pour estre pareillement lacerez, & condamner ledit sieur de Villemenon en douze mil livres parisis pour les dommages & interests dudit d'Arribat, & luy faire défenses de rescidiver & de ne plus contrevenir audit Arrest, sous plus grande peine, sauf au sieur Procureur general du Roy, dont ledit d'Arribat demande la jonction, à prendre telles autres conclusions pour l'interest public contre ledit sieur de Villemenon, qu'il verra estre à faire par sa prudence. Arrest dudit Parlement de Paris du 10. Decembre 1659. rendu entre ledit d'Arribat Prestre Bachelier en Theologie, & en Droict Canon de l'Vniversité de Paris, Recteur de l'Eglise S. Martial de Floirac du Diocese de Rhodez, appellant des procedures extraordinaires, pretenduës charges & informations enoncées & mentionnées en l'Arrest du Decret de prise de corps contre luy decerné au Parlement de Toulouse le 13. Mars 1657. si aucun y a, & opposant, tant à l'execution dudit Decret, que de l'Arrest dudit Parlement, portant permission d'informer, & de tout ce qui s'en est ensuivy, & encore appellant de la permission d'informer, informations, Decret d'adjournement personnel contre luy decerné au Chastelet de Paris le 26. Avril audit an 1657. defendeur & accusé d'une part; & le Procureur general du Roy, prenant le fait & cause tant pour son Substitut audit Chastelet de Paris, que pour le Procureur general du Roy dudit Parlement de Thoulouze intimé defendeur à ladite opposition, demandeur & accusateur au princi-

pal, d'autre; Par lequel Arrest la Cour a renvoyé ledit d'Arribat abfous des cas & crimes à luy impofez, fauf à luy de fe pourvoir pour fes dommages, interefts, & dépens contre qui il verra bon eftre. Pareatis obtenu en la Chancellerie de France par ledit d'Arribat le 19. Decembre 1659. pour l'execution dudit Arreft. Le tout fignifié au fieur Procureur general du Parlement de Thouloufe le 16. Fevrier 1660. Commiffions données par l'Official & Vicaire general du fieur Evefque de Rhodez audit d'Arribat le 10. Septembre 1653. & 1. Iuin 1654, pour fe tranfporter au Monaftere des Religieufes de fainte Claire de Gravayrac, y faire la vifite, recevoir la plainte defdites Religieufes, tant en general qu'en particulier, & du tout dreffer fon procés verbal; oüir les Religieufes du Monaftere de fainte Vrfule de Villefranche, & informer contre celles qui font coupables, & qui troublent le repos de la Communauté; comme auffi contre tous les Ecclefiaftiques dudit Diocefe de Rhodez qui frequentent les cabarets au prejudice des Ordonnances Synodales, & d'autres cas mentionnez efdites Ordonnances. Certificats dudit Official de Rhodez, du Iuge ordinaire, & du Greffier de Montels la Roquette Floirac des 20. 29. Avril, & 12. May 1658. qu'ils n'ont connoiffance d'avoir fait, veu, ny trouvé aucune procedure criminelle ny civile faite à la Requefte du Procureur d'Office, ny autre partie contre ledit d'Arribat. Autres Certificats du fieur Evefque de Rhodez, de fon Official, & Vicaire general, du Vicaire de S. Sulpice du Faux-bourg S. Germain des prez, du Curé & du Vicaire de S. Nicolas des champs à Paris, de la capacité, bonne vie, mœurs, & conduite dudit
d'Arribat,

d'Arribat, & qu'il a demeuré cinq ans habitué dans l'Eglife dudit S. Nicolas des champs, dans laquelle il a bien fait les fonctions d'un bon Preftre habitué, & qu'il s'eft retiré du confentement du Curé de ladite Eglife, lefdits Certificats en datte des 23. Iuin 1654. 6. Septembre 1652. 13. Mars 1656. 20. Ianvier, & 16. Iuin 1662. Copie collationnée de Requefte prefentée aux Maiftres des eauës & forefts de la Ville, Prevofté & Vicomté de Paris, Bailliage de Brie-Comte-Robert, la Ferté Alepts, & autres lieux par ledit fieur de Verthamon le 21. Octobre 1659. à ce qu'il leur plûft commettre & deputer l'un d'eux pour fe tranfporter fur les lieux à l'effet de proceder à la marque & délivrance du chaufage à luy accordé par fa Majefté de quinze cordes de bois fur les bois du parc, & la Lechelle pour l'année 1659. fans prejudice de l'autre chaufage, fur les forefts de Crecy, fur laquelle Requefte eft ordonné, foit montré au Procureur du Roy; enfuitte font les conclufions fur lefquelles auroit efté ordonné, foit fait ainfi qu'il eft requis, & à cét effet jour pris au Mercredy 22. dudit mois en la ville de Brie. Copie collationnée du procés verbal du Maiftre particulier des eauës & forefts de ladite Ville, Prevofté & Vicomté de Paris, des 21. 22. 23. & 24. Octobre 1659. par lequel appert que ledit fieur de Verthamon s'eft fait marquer cent feize pieds d'arbres qui faifoient plus de deux cens cinquante cordes de bois, au lieu defdites quinze cordes à luy accordées par fa Majefté. Copie collationnée d'autre procés verbal du Maiftre defdites eauës & forefts de la Ville, Prevofté, & Vicomté de Paris, Bailliage de Brie-Comte-Robert, la Ferté Aleps, Eftampes, & autres lieux, de l'abus porté

L

par le fufdit procez verbal les 29. Octobre 1659. par lequel l'eftimation des arbres marquez en détail fe trouve monter à deux mil cent livres ; ledit procez verbal portant defenfes de proceder à la couppe des arbres marquez par ledit precedent procez verbal. Copie collationnée d'indemnité donnée par ledit fieur de Verthamon à Maiftre Eftienne Befnard Greffier de la Grurie de Brie-Comte-Robert, des oppofitions & adjudications de fon chaufage, au prejudice des defenfes à luy faites par les Officiers de la Maiftrife particuliere de Paris. Réquefte prefentée à fa Majefté, & aux fieurs Commiffaires, par Elle députez, par ledit de Marle fieur de Fourcilles, à ce qu'il pluft à fa Majefté recevoir les fufdites quatre pieces, & ordonner qu'elles feroient adjoûtées à fa production, & au furplus luy adjuger les fins & conclufions par luy prifes contre ledit fieur de Verthamon. Réponfes dudit fieur de Verthamon de Villemenon au memoire intitulé, plaintes fur lefquelles on demande juftice contre luy. Examen des réponfes dudit fieur de Verthamon données audit memoire de plaintes faites à fa Majefté par le fieur Archevefque de Paris. Contredits des pieces qui ont efté remifes és mains defdits fieurs Commiffaires de la part dudit fieur de Verthamon. Contredits dudit fieur de Lyonne de Servon aux écritures & pieces fournies par ledit fieur de Verthamon fur les plaintes & demandes contre luy faites. Addition de contredits dudit fieur de Lyonne de Servon contre ledit fieur de Verthamon. Réponfes dudit fieur de Verthamon au placet & memoire dudit Tartereau fieur de Berthemon, contenant fes plaintes contre ledit fieur de Verthamon. Repliques dudit fieur de Berthemon au troisiéme chef des réponses que ledit sieur de Verthamon a faites sur le troisiéme chef des plaintes contre luy presentées à sa Majesté. Réponses dudit sieur de Verthamon aux memoires & pieces du sieur Perrin Bailly de Brie-Comte-Robert. Motif imprimé du memoire donné à sa Majesté par ledit sieur Perrin contre ledit sieur de Verthamon. Réponses dudit sieur de Lyonne de Servon à la production dudit sieur de Verthamon. Réponses dudit sieur de Verthamon au dernier inventaire sommaire des pieces que ledit sieur Archevesque de Paris a mis pardevers lesdits sieurs Commissaires, contenant les offres dudit sieur de Verthamon de compter des terres de la fabrique de Servon sur le plus haut prix qu'elles ayent vallu par le passé, ou qu'elles pourront estre affermées à l'avenir. Cinq comptes depuis l'année 1632. jusques en 1647. pour faire voir que les terres de l'Eglise n'ont jamais esté affermées plus de vingt-deux, ou vingt-quatre septiers. Sept autres comptes depuis l'année 1657. jusques en 1663. pour faire voir que ledit sieur de Verthamon ne s'est point caché de la jouïssance de ces terres, & qu'il en a toûjours joüy au vû & sçû des Marguilliers, & que c'estoit par convention faite avec eux. Certificat de Maistre Thomas le Moyne Prestre Vicaire de Servon, du 5. Novembre 1666. qu'il a esté payé de ces appointemens des années precedentes, suivant l'Ordonnance du Bailly de Villemenon & Servon; sçavoir de Harcelet, Colleau, Marguilliers de l'Oeuvre & Fabrique de l'Eglise dudit Servon de l'année 1661. de la somme de cent neuf livres huit sols pour le debet de son compte qu'il a rendu, & de Nicolas Rolland aussi Marguillier de l'année 1662. de la somme de cent cinquante-une livres dix-sept sols, pour le debet de son compte qu'il a aussi rendu, & de Pierre du Guay aussi Marguillier de l'année 1663. de la somme de cent trente trois livres cinq sols pour pareil debet de son compte qu'il a aussi rendu, & sans prejudice de ce qui peut estre deub audit le Moyne de reste de l'année qui court. Inventaire fait aprés le deceds de deffunt François Chevry demeurant en la Ferme de Bonbon dépendante de Villemenon, scize au village de Servon, le 1. jour d'Aoust 1661. & autres jours suivans des biens, meubles, bestiaux, titres & enseignemens par luy délaissez, dans lequel est employé une contre-lettre sous seing privé du 3. Novembre 1650. par laquelle ledit sieur de Verthamon reconnoist qu'il est demeuré d'accord avec ledit Chevry, que la redevance de la Ferme de la Basse-court dudit lieu de Villemenon ne seroit que d'un muid pour vingt arpens, bien que le bail porte un muid pour dix-huit arpens. Copie collationnée de Decret fait au Chastelet de Paris de l'Hostel des grandes Forests, scis prés la ville de Brie-Comte-Robert, ses appartenances & dépendances à Maistre Laurent des Bordes Conseiller Secretaire du Roy, saisi & mis en criées sur Iean l'Enfant Marchand Bourgeois dudit Brie-Comte-Robert son debiteur, moyennant le prix & somme de deux mil livres parisis du 13. Novembre 1434. Extrait collationné de l'Ordonnance de la Chambre des Comptes de Paris, estant au bas d'une Requeste presentée en icelle par ledit sieur de Verthamon le 1. Decembre 1662. d'un aveu & dénombrement rendu au Roy à cause de sa Comté, Vicomté, & Chastellenie de Corbeil, par Iean de Marle Eſcuyer ſieur du grand Fourcilles, du lieu du grand Fourcilles en Brie, conſiſtant en une maiſon manable, & dépendances d'icelle ſpecifiées par ledit aveu du 15. Decembre 1597. Information faite par le Lieutenant de la Grurie & Capitainerie de Brie-Comte-Robert, Bailly du Compté de Villemenon Servon, pour ledit ſieur de Verthamon, à la Requeſte de François Couſin Laboureur demeurant audit Servon, demandeur & complaignant aux fins de ſa plainte attachée à ladite information, à l'encontre de Maiſtre ..... Rouzet Preſtre deſervant la Cure dudit Servon, deffendeur & accuſé, du vingt-deuxiéme Avril 1666. Lettre miſſive écrite au ſieur Thuillier, Prevoſt d'Ozoy, le 11. dudit mois, par le ſieur de la Mothe, à ce qu'il euſt à informer des plaintes faites tant par ledit ſieur Rouzet, que ledit Couſin, afin de connoiſtre la verité de ce qui s'eſtoit paſſé, meſme de l'enlevement qu'on pretendoit avoir eſté fait des grains de la grange, & qu'il feroit plaiſir audit ſieur Archeveſque de Paris, afin que rien ne ſe diſſipaſt. Lettre de Cachet de ſa Majeſté, ſignée, Loüis, & plus bas, le Tellier, du premier jour de Decembre 1666. adreſſante aux ſieurs Poncet, Boucherat, & Puſſort, ſur la plainte faite à ſa Majeſté par ledit Sieur Archeveſque, de ce que par un Factum imprimé, qui ſe diſtribuë publiquement ſous le nom dudit Sieur de Verthamon de Villemenon Maiſtre des Requeſtes, il y a pluſieurs propos injurieux à ſa reputation; à quoy ſa Majeſté voulant pourvoir, elle auroit ordonné auſdits ſieurs Commiſſaires de mander au plûtoſt ledit ſieur de Villemenon pardevant eux, pour l'interpeller de la part de ſa Majeſté d'avoüer, ou defavoüer ledit Factum imprimé, & d'en dreffer un procés verbal bien exact des réponfes qu'il aura faites, pour en donner compte par lefdits fieurs Commiffaires à fa Majefté inceffamment. Procés verbal defdits fieurs Commiffaires des deux & trois defdits mois & an, par lequel ledit fieur de Verthamon de Villemenon averty par lefdits Sieurs de l'ordre de fa Majefté, fe feroit prefenté devant lefdits Sieurs, auquel communication auroit efté donnée de ladite lettre, pour fatisfaire au contenu en icelle ; Lequel fieur de Verthamon, apres en avoir pris lecture, auroit dit aufdits fieurs Commiffaires, qu'au mois de Iuillet dernier ledit fieur Archevefque ayant prefenté un Placet de plaintes à fa Majefté contre luy, il y répondit avec toute forte de refpect & de moderation, & donna fes réponfes par écrit à la propre perfonne de fa Majefté, & en fuite aufdits fieurs Commiffaires ; Mais au lieu par ledit fieur Archevefque d'en faire de mefme, contre le refpect qui eft deu au Roy, a fait imprimer & debiter dans le public, non feulement dans Paris, mais par toute la France, un libelle diffamatoire contre luy, le plus injurieux & plein d'outrages qui ait jamais parti de la bouche & de la main d'un grand Archevefque contre un Magiftrat de la qualité du fieur de Verthamon; Qu'il eft vray que comme toute défenfe eft legitime, le fieur de Verthamon a efté obligé d'y répondre le plus civilement & le plus refpectueufement qu'il a pû faire à l'égard dudit fieur Archevefque, pour detromper le public des impreffions injurieufes que le libelle diffamatoire dudit fieur Archevefque avoit laiffé dans les efprits, qui alloit à la ruine de

l'honneur & de la reputation dudit sieur de Vertha‑
mon, qui a vescu toute sa vie avec moderation, avec
honneur, & avec approbation; Que cette réponse
apres l'avoir presentée ausdits sieurs Commissaires & à
tous les Ministres, il a crû la pouvoir donner au public,
pour faire voir son innocence; Que si mesme il eust
pû avoir l'honneur d'avoir audiance du Roy, comme
il a pris la liberté de la luy demander par deux diverses
fois, il se seroit hazardé de mettre és mains de sa Ma‑
jesté ladite réponse au libelle diffamatoire dudit sieur
Archevesque, devant qu'elle eust paru. Qu'il seroit
bien marry d'avoir mis dans ladite réponse aucun ter‑
me qui pust bailler sujet de plainte audit sieur Arche‑
vesque, pour le caractere duquel il conservera toûjours
les derniers respects. Ce fait, lesdits sieurs Commissai‑
res auroient presenté audit sieur de Verthamon certain
Imprimé, portant pour titre *Examen de l'Examen*, com‑
mençant par ces mots, *Il n'y a rien de plus sensible à un
homme d'honneur & de condition* ; & finissant par ceux‑
cy, *A Domino factum est istud, & est mirabile in oculis
nostris* ; contenant ledit Imprimé cent soixante-trois
feüillets. Ensuite de quoy lesdits sieurs l'auroient in‑
terpellé de la part de sa Majesté, & conformement au‑
dit ordre, d'avoüer ou desavoüer ledit Factum impri‑
mé. Lequel sieur de Villemenon répondant à ladite in‑
terpellation, a dit que son Factum n'estant qu'une ré‑
ponse au libelle dudit sieur Archevesque, il avoüera
ou desavoüera la réponse qu'il y a faite, apres que le‑
dit sieur Archevesque aura avoüé, ou desavoüé son li‑
belle, comme sa réponse n'estant qu'une dependance
& faite en consequence dudit libelle. Et derechef ledit

de Verthamon estant interpellé par lesdits sieurs Commissaires de la part de sa Majesté, & conformement audit ordre, de leur declarer precisement s'il avoüe, ou desavoüe ledit Factum imprimé, à luy representé sous le titre d'*Examen de l'Examen*, & qu'il ait à obeïr audit ordre de sa Majesté; ledit sieur de Verthamon auroit répondu qu'il ne perdra jamais le respect qu'il doit aux ordres du Roy, & que pour cet effet il part tout presentement pour S. Germain, pour aller faire à sa propre personne toutes declarations que de raison. Et d'abondant pour la troisiéme fois ledit sieur de Verthamon auroit esté interpellé par lesdits sieurs Commissaires de la part de sa Majesté, & conformément audit ordre d'avoüer, ou desavoüer ledit Factum imprimé à luy representé, qui a pour titre *Examen de l'Examen*, lequel sieur de Verthamon auroit dit qu'il n'a rien à adjouster à sa precedente Réponse, & que les Ordres du Roy seront toûjours de luy receus avec le respect & obeïssance qu'il luy doit; mais qu'il est important d'informer le Roy par sa bouche. Aprés lesquelles interpellations lesdits sieurs Commissaires auroient paraphé ledit Factum imprimé, dont, & de ce que dessus lesdits sieurs Commissaires auroient dressé ledit procés verbal qu'ils auroient presenté à signer audit sieur de Verthamon, interpellé de ce faire, lequel auroit dit ausdits sieurs Commissaires qu'il les prioit de le dispenser de signer ledit procés verbal, d'autant que toute la procedure qui a esté faite jusques à ce jour devant nous, n'a esté signée dudit sieur Archevesque, ny de luy, & qu'il n'y a eu que de simples memoires donnez de part & d'autre qui ont esté mis en nos mains pour en faire rapport à sa Majesté,

jesté, & que lors que ledit sieur Archevesque signera de sa part, & avoüera, ou desavoüera son libelle, ledit sieur de Verthamon fera ce que de raison ; ledit procés verbal signé desdits sieurs Poncet, Boucherat, & Pussort. Ledit Factum imprimé portant pour titre *Examen de l'Examen* paraphé desdits sieurs Commissaires. OVY le rapport fait à la propre personne de sa Majesté par le sieur Pussort Commissaire à ce deputé, apres en avoir communiqué aux sieurs Poncet, & Boucherat, aussi Commissaires à ce deputez ; Et tout consideré. SA MAIESTÉ ESTANT EN SON CONSEIL, faisant droit sur les plaintes & contestations des parties, a evoqué & evoque à sa Personne les procés & differens pendans en son Parlement de Paris, concernant l'Ordonnance dudit sieur Archevesque de Paris, du 21. Iuillet 1665. & y faisant droit, a condamné & condamne ledit sieur de Verthamon de quitter du jour de la signification qui luy sera faite du present Arrest, l'induë possession & joüissance des soixante arpens de terre appartenans à la Fabrique de l'Eglise Paroissiale de sainte Coulombe de Servon, & d'en donner declaration contenant la quantité d'icelles par le menu avec leurs tenans & aboutissans, & d'en restituer les fruits depuis l'année 1651. inclusivement jusques à l'abandonnement qu'il en fera, à raison de trois muids de bled froment par chacun an mesure de Paris; comme aussi de restituer les fruits des années 1652. 1653. & 1654. de la dixme de sainte Coulombe appartenante aussi à ladite Fabrique par luy perceus induëment, à raison de deux muids & mine de grain par chacune desdites trois années, mesure aussi de Paris, un tiers

Monsieur de Verthamon est condamné de quitter l'induë possession & joüissance des 60. arpens des terres de la fabrique de l'Eglise de Servon, & d'en restituer les fruits depuis l'ânée 1651. jusques à la presente 1666.

M

froment, un tiers méteil, & l'autre tiers avoine, sur le pied de la plus grande valeur desdits grains pendant chacune desdites années; Et en sera l'estimation faite par le Iuge Prevost de Corbeil, que sa Majesté a commis pour cét effet, sur les mercuriales & registres de la valeur des grains des marchez de Brie-Comte-Robert tenus esdites années, sur lesquelles restitutions seront desduites les sommes que ledit sieur de Verthamon justifiera avoir payées à l'acquit de ladite Fabrique, sans qu'il puisse pretendre aucune déduction ny compensation des sommes par luy pretenduës payées pour la construction de l'Autel, & autres decorations de ladite Eglise. Condamne pareillement sadite Majesté ledit sieur de Verthamon, de quitter l'induë possession & joüissance de vingt-huit arpens de terre, appartenans à ladite Cure de Servon, & d'en restituer les fruits par luy perceus depuis l'induë occupation, jusques à l'abandonnement qu'il en fera aux Curez de ladite Paroisse de Servon ou à leurs heritiers, à pareille raison que les soixante arpens de la Fabrique cy-dessus adjugez. Ordonne sa Majesté, qu'à la requeste & diligence des Marguilliers, le bail des terres de ladite Eglise sera publié incessamment au Bailliage dudit Brie-Comte-Robert, & adjugé au plus offrant & dernier encherisseur, & que ledit sieur de Verthamon demeurera garand pendant le temps & espace de neuf ans, de ce qui défaudra de trois muids de bled froment par chacun an, au prix de ladite adjudication: Luy faisant sa Majesté défenses de plus s'immiscer directement ou indirectement, & sous quelque pretexte que ce soit, en tout ce qui concernera les biens & revenus de ladite Fabrique

Monsieur de Verthamon condamné de quitter l'induë possession de 28. arpens de terre qui appartiennent à ladite Cure de Servon, & d'en restituer les fruits.

Monsieur de Verthamon demeurera garand pendant neuf années, de ce qui défaudra de trois muids de froment par chacun an au prix de l'adjudication des terres de la fabrique.

& Curé de Servon, à peine de dix mil livres d'amende, & d'estre procedé contre luy suivant la rigueur des Ordonnances. Luy enjoint de remettre tous les titres de ladite Eglise, qui sont ou pourroient estre en sa possession, desquels & tous autres concernans les biens & revenus d'icelle sera fait inventaire; & iceux avec ledit inventaire depozez en une armoire fermant à trois clefs, desquelles l'une sera donnée au Curé, l'autre aux Marguilliers, & la troisiéme au Procureur fiscal dudit Servon. Veut & ordonne sa Majesté, que les sommes ausquelles auront esté liquidées lesdites restitutions, procedantes des revenus des terres de ladite Eglise, soient employées incessamment, tant en reparations necessaires & utiles, qu'en achapts d'ornemens, & autres choses servans à la celebration du Service divin, conformément à l'Ordonnance dudit sieur Archevesque, dudit jour 21. Iuillet 1665. & ce qui en pourra rester, sera employé en achapt de fonds au profit de ladite Eglise, le tout suivant l'avis & deliberation des Curé, Marguilliers & Paroissiens assemblez au son de la cloche à l'issuë de la Messe Paroissiale, ainsi qu'il est ordinaire. Ordonne sa Majesté, que la Tombe estant proche le marche-pied de l'Autel, sera ostée, & une autre mise en sa place sans aucune inscription, avec defense d'y faire cy-apres aucune sepulture, & aux Curé & Marguilliers de le souffrir. Et faisant droict sur les appellations interjettées par lesdits sieurs Rouzet, de Berthemont, Damoiselles de Fourcilles, & de Berthemont des permissions d'informer; Information & decrets contre eux decernez par le Iuge de Villemenon le 7. Iuin dernier, & autres appellations interjettées par ledit sieur de Berthemont de deux Sentences renduës par ledit Iuge de Villemenon le 5. Iuillet aussi dernier, que sa Majesté a pareillement évocqué à sa personne ; & y faisant droict, A mis & met lesdites appellations, & ce dont a esté appellé au neant; En emendant & corrigeant, les a déchargez des Assignations à eux données en consequence desdits Decrets, que sa Majesté a cassez & declarez injurieux, tortionnaires & déraisonnables ; faisant defenses de les mettre à execution. Permet sa Majesté audit sieur de Berthemont, & à la Damoiselle sa femme de faire mettre une Selle dans le Chœur de ladite Eglise, & d'y prendre place ainsi qu'ils ont accoustumé ; sans neantmoins qu'en consequence de ladite permission ils puissent pretendre aucuns droits honorifiques dans ladite Eglise. Et à l'égard desdits Martin & d'Aribar, les a renvoyez & renvoye audit Parlement de Paris pour y proceder, & leur estre fait droit ainsi que de raison. Et en ce qui concerne les hautes Iustices de Servon, & de Fourcilles ; Sa Majesté sans avoir égard à l'Arrest du Parlement de Paris du 28. Mars 1611. & à ceux du Parlement de Rennes des 5. Ianvier 1648. & 20. Iuillet 1649. Sentences du Chastelet de Paris des 1. Aoust 1619. & 10. May 1630. Iugement des Commissaires deputez pour la revente du Domaine du 29. Decembre 1621. & Sentence du Bailly du Palais du 31. Ianvier 1625. A ordonné & ordonne que les Arrests du Parlement de Paris des 13. May, 7. Iuillet, & 24. Novembre 1600. feront executez selon leur forme & teneur ; Et ce faisant conformément à iceux, a declaré & declare les hautes Iustices de Servon, & de Fourcilles, estre du domaine de sa Majesté, à cause de sa Prevosté

Sa Majesté a cassé la procedure & decrets donnez par le Iuge de Villemenon contre le sieur Rouzet & cosors, & les a declarez injurieux, tortionnaires & déraisonnables.

Martin & d'Aribat renvoyez au Parlement de Paris pour leur estre fait droit ainsi que de raison.

Sa Majesté declare les hautes Iustices de Servon & de Fourcilles estre de son domaine de la Vicomté de Corbeil, auquel elles demeureront reünies.

de Corbeil, à laquelle lesdites hautes Iustices demeureront reünies à perpetuité, sans qu'elles en puissent estre jamais separées pour quelque cause & occasion que ce soit, & ce sans aucun remboursement, attendu la consignation au Greffe du Parlement de Paris, de trente-trois écus & un tiers, pour le principal de l'engagement, & dix écus pour les frais faits par ledit sieur de Villeroy, sauf audit sieur de Verthamon de retirer dudit Greffe lesdites sommes, si fait n'a esté. Condamne ledit sieur de Verthamon de rendre le Contract d'engagement desdites hautes Iustices de Servon, & de Fourcilles du 16. Octobre 1538. dans huitaine pour tous delais, & en consequence luy fait defenses de prendre la qualité de haut Iusticier de Servon, & de Fourcilles, lesquelles hautes Iustices seront exercées par les Officiers de sa Majesté de ladite Prevosté & Chastellenie de Corbeil. Et pour le regard de l'abus pretendu commis par ledit sieur de Verthamon, pour raison de l'adjudication & délivrance du pretendu chaufage de l'année 1659. a renvoyé & renvoye la connoissance aux Commissaires deputez, pour la reformation des forests de l'Isle de France, & sans avoir égard à l'Arrest dudit Conseil du 5. Mars 1663. portant renvoy au Parlement de Bordeaux des procez & differens concernans l'entherinement des lettres patentes obtenuës par ledit sieur de Verthamon au mois de Novembre 1657. A Sa Majesté cassé & casse l'Arrest dudit Parlement de Bordeaux du 9. Aoust dernier, avec deffenses audit sieur de Verthamon de s'en ayder; A evoqué & evoque l'instance pendante audit Parlement de Paris pour raison dudit fait; Et y faisant droit, A ordonné & ordonne que

La rente de 24. livres acquise par M. de Verthamon sur le domaine de Brie Comte-Robert, est reünie par sa Majesté.

lesdites lettres & Contract d'acquisition de la pretenduë Prevosté, Fief & Iustice de Brie-Comte-Robert, faite par ledit sieur de Verthamon des Religieux de Saint Denys, seront par luy rapportez dans huitaine pour tous delais, & ce faisant, usant Sa Majesté du droit de retenuë, A ordonné & ordonne que ladite rente de quatre-vingts-quatorze livres, & droits vendus par lesdits Religieux de Saint Denys audit sieur de Verthamon, demeureront dés à present reünis à la Seigneurie & Baillage de Brie-Comte-Robert, sans qu'à l'avenir ils en puissent estre distraits & separez pour quelque occasion que ce soit; Et sera ledit sieur de Verthamon remboursé par sa Majesté de ce qu'il justifiera avoir effectivement payé ausdits Religieux sur la representation qui sera par luy faite dudit Contract d'acquisition; Et en consequence, fait defenses audit sieur de Verthamon de se plus dire ny qualifier Seigneur de Brie, ny d'y faire exercer aucune Iustice, Prevosté ny Seigneurie, à peine de dix mil livres d'amende. Et pour le regard des demandes dudit de Lyonne, concernant les Seigneuries, moyenne & basse Iustices de Servon, & autres choses comprises en la donnation & substitution de l'année 1606. les a sa Majesté pareillement evoquez à sa personne, & y faisant droit, Ordonne sa Majesté que la Sentence des Requestes du Palais du 14. Iuillet 1649. portant ouverture de la substitution au profit dudit sieur de Lyonne, sera executée selon sa forme & teneur; & ce faisant sans avoir égard à ladite transaction du 9. Avril 1632. Iugement desdits sieurs Commissaires du Conseil, & Arrest dudit Conseil d'homologation des 30. Iuillet, & 7. Aoust 1635. & tout ce

Sa Majesté restituë à M. de Lyonne les Seigneuries moyenne & basse Iustice de Servon.

qui a esté fait & ordonné en consequence; A condamné & condamne ledit sieur de Verthamon se desister & départir des propriété & jouïssance des choses contenuës en ladite donnation, & substitution faite en l'année 1606. & d'en rendre & restituer les fruits du jour de l'ouverture de ladite substitution, sauf audit sieur de Verthamon de poursuivre le payement des sommes qui pouvoient estre deuës à ses autheurs de ladite terre de Villemenon contre la succession dudit deffunt Lyonne pere, comme il auroit pû faire avant ladite transaction; Et en ce faisant, Ordonne sa Majesté que ledit sieur de Lyonne pourra prendre en tous actes la qualité & titre de Seigneur de Servon. Fait sadite Majesté defenses audit sieur de Verthamon de l'y troubler, ny de prendre ladite qualité, laquelle sera effacée des inscriptions mises dans ladite Eglise de Servon, & celles des autheurs dudit Lyonne, qui ont esté effacées, seront rétablies aux dépens dudit sieur de Verthamon. A sa Majesté declaré & declare la moyenne & basse Iustice de Servon appartenir audit Lyonne, laquelle il pourra faire exercer par ses Officiers, avec defenses audit sieur de Verthamon de l'y troubler, ny de rien entreprendre au contraire. Condamne ledit sieur de Verthamon de rendre & restituer audit sieur de Lyonne tous les profits qu'il a perceus desdites Seigneuries, moyennes, & basses Iustices, & qui sont écheuës depuis l'ouverture de ladite substitution. Comme aussi a declaré & declare le fief de Bonbon estre mouvant dudit de Lyonne, à cause de sa terre & Seigneurie de Servon, & ladite terre & Seigneurie de Servon mouvante de sa Majesté, à cause de sa Chastellenie & Prevosté de Corbeil. A condamné &

condamne ledit sieur de Verthamon de faire rendre audit sieur de Lyonne, le fusil à luy appartenant, pris au nommé l'Espine son Vallet de Chambre, le 14 Novembre dernier, sinon la juste valeur, dont ledit sieur de Lyonne sera crû à son serment jusques à la somme de trois cens livres. A sa Majesté declaré & declare le libelle diffamatoire imprimé sous le nom d'*Examen de l'Examen*, injurieux & calomnieux ; Et en consequence a ordonné & ordonne que ledit de Verthamon sera conduit du Chasteau de la Bastille, où à present est detenu, en la grande Sale de l'Archevesché, où en presence dudit sieur Archevesque, & de tout le Chapitre de l'Eglise Nostre-Dame de Paris, qui pour cet effet sera mandé de s'y trouver, & tous autres que ledit sieur Archevesque y voudra faire assister, où ledit de Verthamon sera tenu, estant debout & nüe teste, de declarer que temerairement, calomnieusement, & injurieusement il a fait composer & imprimer, & a distribué luy-mesme ledit libelle diffamatoire, intitulé *Examen de l'Examen*, contre l'honneur dudit sieur Archevesque, auquel il en demande pardon ; Apres quoy sera ledit libelle laceré en sa presence par un Huissier dudit Conseil. Veut & ordonne sa Majesté qu'il soit informé à la requeste de son Procureur au Chastelet par le Lieutenant Criminel en iceluy, contre ceux qui ont composé & imprimé ledit libelle, & le procés à eux extraordinairement fait & parfait, & punis suivant la rigueur des Ordonnances. Enjoint sadite Majesté audit de Verthamon de se defaire dans six mois pour tous delays de l'Office de Maistre des Requestes de son Hostel, dont il est pourveu ; & cependant l'interd

Le Libelle diffamatoire de M. de Verthamon, intitulé Examen de l'Examen *est declaré injurieux & calomnieux.*

Monsieur de Verthamon doit estre conduit de la Bastille à l'Archevesché, pour demander pardon, nüe teste, à M. l'Archevesque.

M. de Verthamon doit se défaire de sa Charge dans six mois.

interdit de l'entrée de ses Conseils & des Requestes de son Hostel. Et sera le present Arrest publié & enregistré aux Sieges de la Prevosté de Corbeil, & du Bailliage de Brie-Comte-Robert, l'Audiance tenant pour ce qui concerne les hautes Iustices de Servon, & de Fourcilles, & pretenduë Prevosté de Brie-Comte-Robert. FAIT au Conseil d'Estat du Roy, sa Majesté y estant, tenu à Saint Germain en Laye le septiéme jour de Decembre mil six cens soixante-six. Signé PHELIPEAUX.

ARREST
DV CONSEIL D'ESTAT,

PAR LEQVEL SA MAIESTÈ à la priere de M. l'Archevesque de Paris, a dechargé M. de Verthamon, de la reparation qu'il luy devoit faire.

Extrait des Registres du Conseil d'Estat.

VR la Requeste presentée au Roy estant en son Conseil, par le sieur Archevesque de Paris; Contenant, que sa Majesté ayant eu la bonté de luy rendre justice par un Arrest contradictoire & solemnel, sur les plaintes qu'il luy a presentées contre le sieur de

Verthamon de Villemenon, luy ayant ordonné une reparation exemplaire d'un libelle qu'il avoit publié contre luy ; Le jugement que sa Majesté a rendu luy est une satisfaction si grande, que les calomnies & injures portées par ledit libelle, demeurent par ce moyen entierement effacées ; & c'est une grace que le Suppliant a ressentie avec tout le respect imaginable ; Suppliant tres-humblement sadite Majesté de luy permettre de prendre la liberté de luy demander encore une autre grace, qui est d'épargner audit sieur de Verthamon de Villemenon la honte de l'execution de l'Arrest, en ce qui regarde la reparation ordonnée estre faite à la personne dudit Suppliant, estant un Officier qui a eu l'honneur d'avoir entré dans les Conseils de sa Majesté, qui a oublié son devoir, mais dont sa faute est reparée par l'Arrest prononcé de la bouche de sa Majesté, laquelle ne se repentira jamais de faire paroistre dans cette affaire un exemple de clemence, aprés en avoir donné un de justice. VEV LADITE REQVESTE, OVY le rapport du Sieur Pussort Conseiller ordinaire de sa Majesté en ses Conseils, apres en avoir communiqué aux Sieurs Poncet & Boucherat, aussi Conseillers ordinaires de sa Majesté en ses Conseils ; Et tout consideré, LE ROY ESTANT EN SON CONSEIL, inclinant à la priere & requeste dudit sieur Archevesque de Paris, A déchargé & décharge ledit de Verthamon de l'execution de la reparation ordonnée estre par luy faite audit sieur Archevesque par ledit Arrest du 7. des present mois & an ; Ordonne que lecture sera faite dudit Arrest & du present, par l'Huissier Olivier, que sa Majesté a commis pour cet effet, audit de Verthamon dans le Chasteau de la Bastille, où il est detenu; apres laquelle lecture, sera le Factum, intitulé *Examen de l'Examen*, mentionné audit Arrest, laceré en sa presence par ledit Huissier, qui en dressera son procés verbal. FAIT au Conseil d'Estat du Roy, sa Majesté y estant, tenu à Saint Germain en Laye le dix-septiéme iour de Decembre mil six cens soixante-six. Signé. PHELIPEAUX.

PROCEZ VERBAL DE LA LECTVRE qui a esté faite des susdits Arrests à Monsieur de Verthamon de Villemenon, & de la laceration du Libelle y mentionné, par Olivier, Huissier ordinaire du Roy en ses Conseils.

L'An mil six cens soixante-six le dix-huitiéme jour de Decembre, Nous Henry Olivier, Huissier ordinaire du Roy en ses Conseils, sous-signé, en consequence de l'Arrest du Conseil d'Estat du Roy du 17. du present mois & an, signé en commandement Phelipeaux, par lequel sa Majesté inclinant à la priere & requeste de Monsieur l'Archevesque de Paris, a déchargé le sieur de Verthamon y denommé de l'execution de la reparation ordonnée estre par luy faite à mondit sieur l'Archevesque par Arrest du Conseil du 7. dudit present mois & an; Et ordonné que lecture seroit par nous faite de l'un & l'autre desdits Arrests audit sieur de Verthamon dans le Chasteau de la Bastille,

N ij

où il estoit detenu, & qu'en suite le Factum, intitulé *Examen de l'Examen*, mentionné audit Arrest, seroit par nous laceré en la presence dudit sieur de Verthamon, dont nous dresserions procés verbal ; Sommes par exprés commandement de sa Majesté transportez au Chasteau de la Bastille, où estant sur le petit pontlevis d'iceluy, nostre Chaisne au bras, avons de la part du Roy demandé à parler au Gouverneur dudit Chasteau de la Bastille, & en son absence à son Lieutenant & Commandant, & la Sentinelle l'ayant fait sçavoir au corps de garde, & le corps de garde au sieur Barail Lieutenant, ledit sieur Barail auroit donné ordre de nous laisser entrer ; où estant entrez, avons audit corps de garde trouvé ledit sieur Barail, auquel avons dit que nous avions des ordres du Roy à faire sçavoir audit sieur de Verthamon ; Pourquoy avons audit sieur Barail de la part de sa Majesté fait commandement de nous representer ledit sieur de Verthamon, auquel obeïssant, nous a ledit sieur Barail accompagné dans la chambre dudit sieur de Verthamon, où estant avec ledit sieur Barail, avons trouvé ledit sieur de Verthamon, & parlant à sa personne, luy avons dit, *Que nous avions Ordre du Roy de luy faire lecture de deux Arrests cy-dessus dattez, dont nous estions porteur, & par l'un d'iceux commis pour ce faire. Et en suitte en sa presence lacerer le Factum mentionné en iceux, & duquel nous estions aussi porteur.* Ce fait, avons audit sieur de Verthamon fait lecture de l'Arrest dont est cy-dessus fait mention, & par lequel nous sommes commis ; Comme aussi luy avons fait lecture de l'Arrest du 7. dudit presént mois & an, aussi signez en Commandement PHELIPEAUX, portant entr'autres choses: *Comme sa Majesté a declaré & declare le Libelle diffamatoire imprimé sous le nom* d'Examen de l'Examen, *injurieux & calomnieux, & que ledit sieur de Verthamon seroit conduit du Chasteau de la Bastille où il estoit detenu, dans la grande Salle de l'Archevesché, pour en presence de mondit sieur l'Archevesque, & de tout le Chapitre de Nostre-Dame de Paris, qui pour cét effet seroit mandé, & tous autres que mondit sieur l'Archevesque y voudroit faire assister, ledit sieur de Verthamon debout, nuë teste, declarer que temerairement, calomnieusement, & injurieusement il avoit fait composer & imprimer, & luy-mesme distribué ledit Libelle diffamatoire intitulé* Examen de l'Examen *contre l'honneur de mondit sieur l'Archevesque, auquel il demanderoit pardon; & apres ledit Libelle laceré en sa presence par un Huissier du Conseil.*

Et ensuitte avons ledit Factum intitulé *Examen de l'Examen*, contenant cent soixante-trois feüillets, commençant par ces mots, *Il n'y a rien de plus sensible à un homme d'honneur, & de condition*, & finissant par *A Domino factum est istud, & est mirabile in oculis nostris*, mentionnez audit Arrest, & sur la premiere feüille duquel sont écrits au dessous des mots imprimez, *Examen de l'Examen*, ces mots: *Paraphé par nous Commissaires soussignez suivant nostre Procés verbal de ce jour* 3. Decembre 1666. Et au dessous signez PONCET, BOVCHERAT, & PVSSORT ; Ledit Factum montré audit sieur de Verthamon, & en sa presence ledit Factum laceré suivant & au desir dudit Arrest dudit jour 17. dudit prefent mois; Et tout ce que deſſus fait, nous nous ſommes retirez, & dreſſé le preſent procés verbal, pour ſervir ce que de raiſon. Ainſi ſigné OLIVIER.

Collationné aux Originaux par moy Conſeiller, Secretaire du Roy, Maiſon & Couronne de France, & de ſes Finances.

www.ingramcontent.com/pod-product-compliance
Lightning Source LLC
Chambersburg PA
CBHW070303100426
42743CB00011B/2330